Sapore Spagnolo

Un Viaggio Culinario nella Tradizione Iberica

Carlo Montoya

SOMMARIO

- SALMOREJO CORDOVANO 24
  - INGREDIENTI 24
  - Elaborazione 24
  - TRUCCO 24
- ZUPPA DI CIPOLLE 25
  - INGREDIENTI 25
  - Elaborazione 25
  - TRUCCO 25
- MINESTRONE 26
  - INGREDIENTI 26
  - Elaborazione 26
  - TRUCCO 27
- Zuppa di aragosta 28
  - INGREDIENTI 28
  - Elaborazione 28
  - TRUCCO 29
- STUFATO DI VERDURE 30
  - INGREDIENTI 30
  - Elaborazione 30
  - TRUCCO 31
- DIFETTO FATTO IN CASA 32
  - INGREDIENTI 32
  - Elaborazione 32
  - TRUCCO 32

- TORTA DI ZUCCHINE E SALMONE 33
  - INGREDIENTI 33
  - Elaborazione 33
  - TRUCCO 34
- CARCIOFI CON FUNGHI E PARMIGIANO 35
  - INGREDIENTI 35
  - Elaborazione 35
  - TRUCCO 36
- MELANZANE MARINATE 37
  - INGREDIENTI 37
  - Elaborazione 37
  - TRUCCO 38
- FAGIOLINI TONDI CON PROSCIUTTO SERRANO 39
  - INGREDIENTI 39
  - Elaborazione 39
  - TRUCCO 39
- TRINXAT 40
  - INGREDIENTI 40
  - Elaborazione 40
  - TRUCCO 40
- BROCCOLI GRATINATI CON PANCETTA E SALSA AURORA 41
  - INGREDIENTI 41
  - Elaborazione 41
  - TRUCCO 41
- CARDO CON GAMBERI E COZZE IN SALSA VERDE 42

INGREDIENTI 42

    Elaborazione 42

    TRUCCO 43

CIPOLLA CARAMELLATA 44

    INGREDIENTI 44

    Elaborazione 44

    TRUCCO 44

FUNGHI RIPIENI CON PROSCIUTTO SERRANO E PESTO
.... 45

    INGREDIENTI 45

    Elaborazione 45

    TRUCCO 45

CAVOLFIORE CON AJOARRIERO 46

    INGREDIENTI 46

    Elaborazione 46

    TRUCCO 46

CAVOLFIORE GRATTUGIATO 47

    INGREDIENTI 47

    Elaborazione 47

    TRUCCO 47

DUXELLE 48

    INGREDIENTI 48

    Elaborazione 48

    TRUCCO 48

INDIVIA CON SALMONE AFFUMICATO E CABRALES 49

    INGREDIENTI 49

- Elaborazione 49
- TRUCCO 49
- LOMBARDA SEGOVIANO 50
  - INGREDIENTI 50
  - Elaborazione 50
  - TRUCCO 50
- INSALATA DI PEPERONI FRITTI 52
  - INGREDIENTI 52
  - Elaborazione 52
  - TRUCCO 53
- PISELLI FRANCESI 54
  - INGREDIENTI 54
  - Elaborazione 54
  - TRUCCO 55
- CREMA DI SPINACI 56
  - INGREDIENTI 56
  - Elaborazione 56
  - TRUCCO 57
- FAGIOLINI CON BUTIFARRA BIANCA 58
  - INGREDIENTI 58
  - Elaborazione 58
  - TRUCCO 58
- FAGIOLINI CON PROSCIUTTO 59
  - INGREDIENTI 59
  - Elaborazione 59
  - TRUCCO 60

STUFATO D'AGNELLO 61
   INGREDIENTI 61
   Elaborazione 61
   TRUCCO 62
MILF DI MELANZANE CON FORMAGGIO DI CAPRA, MIELE E CURRY 63
   INGREDIENTI 63
   Elaborazione 63
   TRUCCO 64
TORTA CON ASPARAGI BIANCHI E SALMONE AFFUMICATO 65
   INGREDIENTI 65
   Elaborazione 65
   TRUCCO 65
PEPERONI PIQUILLO RIPIENI DI MORCILLA CON SALSA ALLA SENAPE DOLCE 66
   INGREDIENTI 66
   Elaborazione 66
   TRUCCO 67
CARDO CON SALSA DI MANDORLE 68
   INGREDIENTI 68
   Elaborazione 68
   TRUCCO 69
PISTO 70
   INGREDIENTI 70
   Elaborazione 70

- TRUCCO 71
- PORRO CON VINAIGRETTE DI VERDURE 72
  - INGREDIENTI 72
  - Elaborazione 72
  - TRUCCO 72
- QUICHE DI PORRI, PANCETTA E FORMAGGIO 74
  - INGREDIENTI 74
  - Elaborazione 74
  - TRUCCO 75
- POMODORI ALLA PROVENZALE 76
  - INGREDIENTI 76
  - Elaborazione 76
  - TRUCCO 77
- CIPOLLE RIPIENE 78
  - INGREDIENTI 78
  - Elaborazione 78
  - TRUCCO 79
- FUNGHI IN CREMA CON NOCI 80
  - INGREDIENTI 80
  - Elaborazione 80
  - TRUCCO 80
- TORTA AL POMODORO E BASILICO 81
  - INGREDIENTI 81
  - Elaborazione 81
  - TRUCCO 81
- STUFATO DI PATATE CON POLLO AL CURRY 83

INGREDIENTI 83
    Elaborazione 83
    TRUCCO 84

UOVA DOLCI 85
    INGREDIENTI 85
    Elaborazione 85
    TRUCCO 85

PATATE AL SIGNIFICATO 86
    INGREDIENTI 86
    Elaborazione 86
    TRUCCO 87

MOLLE TEGS CON PIETRE 88
    INGREDIENTI 88
    Elaborazione 88
    TRUCCO 89

PATATE BASSE E BIANCHE 90
    INGREDIENTI 90
    Elaborazione 90
    TRUCCO 91

FRITTATA DI COCIDO (VESTITI VECCHI) 92
    INGREDIENTI 92
    Elaborazione 92
    TRUCCO 93

PATATE RIPIENE CON SALMONE AFFUMICATO, PANCETTA E MELANZANE 93
    INGREDIENTI 93

Elaborazione 93

TRUCCO 94

CROCCHETTE DI PATATE E FORMAGGIO 94

INGREDIENTI 94

Elaborazione 94

TRUCCO 95

BUONE PATATE FRITTE 96

INGREDIENTI 96

Elaborazione 96

TRUCCO 96

UOVA ALLA FIORENTINA 97

INGREDIENTI 97

Elaborazione 97

TRUCCO 97

STUFATO DI PATATE CON PESCE DI MARE E GAMBERI 98

INGREDIENTI 98

Elaborazione 98

TRUCCO 99

UOVA IN STILE FLAMENCO 100

INGREDIENTI 100

Elaborazione 100

TRUCCO 100

TORTILLA PAISANA 101

INGREDIENTI 101

Elaborazione 101

TRUCCO 102
UOVA AL COTTO CON SALSICCIA E SENAPE 103
   INGREDIENTI 103
   Elaborazione 103
   TRUCCO 103
FRITTATA DI PATATE IN SALSA 104
   INGREDIENTI 104
   Elaborazione 104
   TRUCCO 105
PURRUSALDA 106
   INGREDIENTI 106
   Elaborazione 106
   TRUCCO 107
PATATE AL FORNO 108
   INGREDIENTI 108
   Elaborazione 108
   TRUCCO 108
Mescolare i funghi 109
   INGREDIENTI 109
   Elaborazione 109
   TRUCCO 109
UOVA AL PIATTO CON ARCHIVIE E OLIVE 110
   INGREDIENTI 110
   Elaborazione 110
   TRUCCO 111
PATATE IN CREMA CON PANCETTA E PARMIGIANO 111

INGREDIENTI 111
   Elaborazione 111
   TRUCCO 112
UOVA SODE 112
   INGREDIENTI 112
   Elaborazione 112
   TRUCCO 112
PIEGARE LE PATATE 113
   INGREDIENTI 113
   Elaborazione 113
   TRUCCO 113
UOVA IN CAMICIA CON FUNGHI, GAMBERI E VOLACCIOLO 114
   INGREDIENTI 114
   Elaborazione 114
   TRUCCO 115
Patate saltate in padella con chorizo e pepe verde 116
   INGREDIENTI 116
   Elaborazione 116
   TRUCCO 117
POVERE PATATE 117
   INGREDIENTI 117
   Elaborazione 117
   TRUCCO 118
UOVA IN CAMICIA DEL GRANDUCA 118
   INGREDIENTI 118

Elaborazione 118

TRUCCO 119

PATATE CON COSTINE 120

INGREDIENTI 120

Elaborazione 120

TRUCCO 121

UOVA FRITTE PANATE 121

INGREDIENTI 121

Elaborazione 121

TRUCCO 122

PATATE ALLA NOCCIOLA 122

INGREDIENTI 122

Elaborazione 122

TRUCCO 123

UOVA DI MOLLE 124

INGREDIENTI 124

Elaborazione 124

TRUCCO 124

PATATE ALLA RIOJANA 125

INGREDIENTI 125

Elaborazione 125

TRUCCO 126

PATATE CON CALAMARI 126

INGREDIENTI 126

Elaborazione 126

TRUCCO 127

FRITTATA DI GAMBERI ALL'AGLIO 128
   INGREDIENTI 128
   Elaborazione 128
   TRUCCO 128

PATATE BRASATE CON COD 129
   INGREDIENTI 129
   Elaborazione 129
   TRUCCO 130

PURÈ DI PATATE 131
   INGREDIENTI 131
   Elaborazione 131
   TRUCCO 131

TORTILLA DI FAGIOLI CON MORCILLA 132
   INGREDIENTI 132
   Elaborazione 132
   TRUCCO 133

uova strapazzate 134
   INGREDIENTI 134
   Elaborazione 134
   TRUCCO 134

PATATE BRASATE CON NUSCALES 135
   INGREDIENTI 135
   Elaborazione 135
   TRUCCO 136

FRITTATA DI PORCINI E GAMBERI 137
   INGREDIENTI 137

Elaborazione 137
    TRUCCO 137
UOVA GRATINATE 138
    INGREDIENTI 138
    Elaborazione 138
    TRUCCO 139
FRITTATA DI ZUCCHINE E POMODORI 140
    INGREDIENTI 140
    Elaborazione 140
    TRUCCO 141
PATATE REVOLCONAS CON TORREZNOS 142
    INGREDIENTI 142
    Elaborazione 142
    TRUCCO 143
FRITTATA CON FUNGHI E PARMIGIANO 144
    INGREDIENTI 144
    Elaborazione 144
    TRUCCO 144
PATATE SOUFFLÉ 146
    INGREDIENTI 146
    Elaborazione 146
    TRUCCO 146
FRITTATA 147
    INGREDIENTI 147
    Elaborazione 147
    TRUCCO 148

PATATE DUCHESSA 148
    INGREDIENTI 148
    Elaborazione 148
    TRUCCO 149

RISO ALLA CUBA 150
    INGREDIENTI 150
    Elaborazione 150
    TRUCCO 150

RISO AL PANE CON COZZE, COZZE E GAMBERI 150
    INGREDIENTI 151
    Elaborazione 151
    TRUCCO 152

RISO ALLA CANTONESE CON POLLO 153
    INGREDIENTI 153
    Elaborazione 153
    TRUCCO 154

RISO CROSTO 155
    INGREDIENTI 155
    Elaborazione 155
    TRUCCO 156

RISO ALLA CATALANA 157
    INGREDIENTI 157
    Elaborazione 158
    TRUCCO 158

RISO BRODO CON FAGIOLI BIANCHI E MISSIONE 159
    INGREDIENTI 159

Elaborazione 159

    TRUCCO 160

RISO CON TONNO FRESCO 161

    INGREDIENTI 161

    Elaborazione 161

    TRUCCO 162

RISO CON POLLO, PANCETTA, MANDORLE E UVETTA 163

    INGREDIENTI 163

    Elaborazione 163

    TRUCCO 164

RISO CON MERLUZZO E FAGIOLI BIANCHI 165

    INGREDIENTI 165

    Elaborazione 165

    TRUCCO 166

RISO CON ARAGOSTA 167

    INGREDIENTI 167

    Elaborazione 167

    TRUCCO 168

RISO GRECO 169

    INGREDIENTI 169

    Elaborazione 169

    TRUCCO 170

RISO IMPANATO 171

    INGREDIENTI 171

    Elaborazione 171

    TRUCCO 172

RISO BRODO AI FRUTTI DI MARE 173
    INGREDIENTI 173
    Elaborazione 173
    TRUCCO 174
RISO TRE PRElibatezze 175
    INGREDIENTI 175
    Elaborazione 175
    TRUCCO 176
RISO LISCIO CON PARTICOLARE 177
    INGREDIENTI 177
    Elaborazione 177
    TRUCCO 178
RISOTTO CON SALMONE E ASPARAGI SELVATICI 179
    INGREDIENTI 179
    Elaborazione 179
    TRUCCO 180
Risotto con rana pescatrice, ceci e spinaci 181
    INGREDIENTI 181
    Elaborazione 181
    TRUCCO 182
RISO O CALDEIRO 183
    INGREDIENTI 183
    Elaborazione 183
    TRUCCO 184
RISO NERO CON CALAMARI 185
    INGREDIENTI 185

- Elaborazione 185
- TRUCCO 186

RISO PILAF 187
- INGREDIENTI 187
- Elaborazione 187
- TRUCCO 187

FIDEUÁ DI PESCE E FRUTTI DI MARE 188
- INGREDIENTI 188
- Elaborazione 188
- TRUCCO 189

PASTA ALLA PUTANESCA 190
- INGREDIENTI 190
- Elaborazione 190
- TRUCCO 191

CANNELLONI SPINACI E RICOTTA 192
- INGREDIENTI 192
- Elaborazione 192
- TRUCCO 193

SPAGHETTI MARINERA 194
- INGREDIENTI 194
- Elaborazione 194
- TRUCCO 195

LASAGNE DI PASTA FRESCA FIORENTINA 196
- INGREDIENTI 196
- Elaborazione 197
- TRUCCO 198

SPAGHETTI ALLA CARBONARA 199
    INGREDIENTI 199
    Elaborazione 199
    TRUCCO 199

CANNELLONI DI CARNE CON SEMI DI FUNGHI 200
    INGREDIENTI 200
    Elaborazione 201
    TRUCCO 201

LASAGNA DI cernia e calamari 202
    INGREDIENTI 202
    Elaborazione 203
    TRUCCO 203

PAELLA MISTA 205
    INGREDIENTI 205
    Elaborazione 205
    TRUCCO 206

SASAGNA DI VERDURE CON FORMAGGIO FRESCO E CAMPOO 207
    INGREDIENTI 207
    Elaborazione 207
    TRUCCO 208

PASTA CON SALSA YOGURT E TONNO 209
    INGREDIENTI 209
    Elaborazione 209
    TRUCCO 209

GNOCCHI DI PATATE CON FORMAGGIO Erborinato E SALSA AI PISTACCHI 210

    INGREDIENTI 210

    Elaborazione 210

    TRUCCO 211

PASTA ALLA CARBONARA AL SALMONE 212

    INGREDIENTI 212

    Elaborazione 212

    TRUCCO 213

PASTA CON PORCINI 214

    INGREDIENTI 214

    Elaborazione 214

    TRUCCO 214

GRIGLIA PER PIZZA 215

    INGREDIENTI 215

    Elaborazione 216

    TRUCCO 217

RISOTTO CON SALSICCIA BIANCA, VINO ROSSO E RUCOLA 218

    INGREDIENTI 218

    Elaborazione 218

    TRUCCO 219

PASTA CON GAMBERI, NASTRINI DI VERDURE E SOIA 220

    INGREDIENTI 220

    Elaborazione 220

    TRUCCO 221

TAGLIATELLE ROSSEJAT CON CALAMARI E GAMBERI 222
    INGREDIENTI 222
    Elaborazione 222
    TRUCCO 223

SALMOREJO CORDOVANO

INGREDIENTI

1 kg di pomodori

200 g di pane

2 spicchi d'aglio

Aceto

100 ml di olio d'oliva

Sale

Elaborazione

Mescolare bene tutto tranne l'olio e l'aceto. Filtrare allo chinois e aggiungere gradualmente l'olio continuando a frullare. Condire con sale e aceto.

TRUCCO

Rimuovere il germoglio centrale dell'aglio per evitare che si ripeta.

ZUPPA DI CIPOLLE

INGREDIENTI

750 g di cipolle

100 g di burro

50 g di formaggio grattugiato

1 litro e mezzo di brodo di pollo

1 fetta di pane tostato a persona

Sale

Elaborazione

Far rosolare lentamente nel burro le cipolle tagliate a listarelle. Coprire e cuocere a fuoco lento per circa 1 ora.

Quando le cipolle saranno morbide, aggiungere il brodo e aggiustare di sale.

Versare la zuppa in contenitori individuali con il pane tostato e il formaggio e gratinare.

TRUCCO

Il successo di questa ricetta risiede nel tempo necessario per lessare le cipolle. Potete aggiungere 1 spicchio d'aglio intero, 1 rametto di timo e una spruzzata di vino bianco o brandy.

MINESTRONE

INGREDIENTI

150 g di pomodori

100 g di fagioli bianchi cotti

100 g di pancetta

100 g di cavolo cappuccio

50 g di carote

50 g di rapa

50 g di fagiolini

25 g di maccheroni piccoli

50 g di piselli

3 spicchi d'aglio

1 porro grande

1 dl di olio d'oliva

Sale

Elaborazione

Pulite le verdure e tagliatele a pezzetti. In una pentola calda aggiungere l'olio, tagliare la pancetta a pezzetti e farla rosolare per 3 minuti. Aggiungete i pomodorini tagliati a pezzetti e fateli soffriggere finché non perdono l'acqua.

Versare il brodo, portare ad ebollizione e aggiungere le verdure tritate. Quando saranno morbidi, aggiungere i fagioli e i maccheroni. Cuocere fino a cottura della pasta e aggiustare di sale.

TRUCCO

In molte zone d'Italia questa deliziosa zuppa viene accompagnata a cena da un buon cucchiaio di pesto.

Zuppa di aragosta

INGREDIENTI

1 astice da ½ kg

250 g di pomodori

200 g di porro

150 g di burro

100 g di carote

100 g di cipolle

75 g di riso

1 ½ l di brodo di pesce

¼ l di panna

1 dl di grappa

1dl di vino

1 rametto di timo

2 foglie di alloro

sale e pepe

Elaborazione

Tagliare l'aragosta a pezzi e rosolarla con 50 g di burro. Flambé con il brandy e sfumare con il vino. Coprire e cuocere per 15 minuti.

Prenota la carne di aragosta. Macinare le loro carcasse insieme al brandy, al vino di cottura e al fumetto. Attraversa un ristorante cinese e prenota.

Far rosolare le verdure tagliate a pezzetti (in ordine di durezza) con il burro rimasto. Aggiungere infine i pomodorini. Versare il brodo messo da parte, aggiungere le erbe e il riso. Cuocere per 45 minuti. Mescolare e filtrare attraverso un colino. Aggiungere la panna e cuocere per altri 5 minuti.

Servire la crema insieme all'astice tagliato a pezzetti.

TRUCCO

Flambé significa bruciare una bevanda alcolica in modo tale che scompaia l'alcol ma non il gusto. È importante farlo con l'aspiratore spento.

STUFATO DI VERDURE

INGREDIENTI

150 g di prosciutto serrano a dadini

150 g di fagiolini

150 g di cavolfiore

150 g di piselli

150 g di fave

2 cucchiai di farina

3 carciofi

2 uova sode

2 carote

1 cipolla

1 spicchio d'aglio

1 limone

olio d'oliva

Sale

Elaborazione

Pulite i carciofi eliminando le foglie esterne e le punte. Cuocere in acqua bollente con 1 cucchiaio di farina e il succo di limone fino a renderle morbide. Aggiorna e prenota.

Sbucciare le carote e tagliarle a pezzi di media grandezza. Eliminare i fili e le estremità dei fagioli e tagliarli in 3 parti. Togliere le cimette dal cavolfiore. Far bollire l'acqua e cuocere ogni verdura individualmente fino a quando sarà tenera. Aggiorna e prenota.

Dimezzare il brodo vegetale (escluso il brodo di carciofi).

Tritare finemente la cipolla e l'aglio. Cuocere insieme ai cubetti di prosciutto serrano per 10 minuti. Aggiungete l'altro cucchiaio di farina e fate soffriggere per altri 2 minuti. Aggiungere 150 ml di brodo vegetale. Rimuovere e cuocere per 5 minuti. Aggiungete le verdure e le uova sode tagliate in quarti. Cuocere per 2 minuti e correggere di sale.

TRUCCO

Le verdure devono essere cotte separatamente poiché non hanno lo stesso tempo di cottura.

DIFETTO FATTO IN CASA

INGREDIENTI

1 ¼ kg di bietole

750 g di patate

3 spicchi d'aglio

2 dl di olio d'oliva

Sale

Elaborazione

Lavare la bietola e tagliare le foglie a pezzi grossi. Sbucciare le foglie e tagliarle a bastoncini. Cuocere le foglie e i gambi in acqua bollente salata per 5 minuti. Aggiornare, scolare e riservare.

Lessare nella stessa acqua le patate sbucciate e la cachelada per 20 minuti. Scolare e riservare.

Fate soffriggere nell'olio l'aglio sbucciato e sfilettato. Aggiungere i pencas, le foglie, le patate e friggere per 2 minuti. Aggiustare di sale.

TRUCCO

I pencas possono essere utilizzati per farcirli con prosciutto e formaggio. Poi vengono pastellati e fritti.

TORTA DI ZUCCHINE E SALMONE

INGREDIENTI

400 g di zucchine

200 g salmone fresco (disossato)

750 ml di panna

6 uova

1 cipolla

olio d'oliva

sale e pepe

Elaborazione

Tritate finemente la cipolla e fatela rosolare in un filo d'olio. Tagliare le zucchine a cubetti e aggiungerle alla cipolla. Cuocere a fuoco medio per 10 minuti.

Mescolare e aggiungere ½ l di panna e 4 uova fino ad ottenere un impasto fine.

Disporre negli stampini precedentemente unti e infarinati e cuocere a bagnomaria a 170°C per circa 10 minuti.

Nel frattempo fate soffriggere i cubetti di salmone in un filo d'olio. Condire a piacere e mescolare con la panna rimanente e 2 uova. Versare sulla torta di zucchine. Continuare la cottura per altri 20 minuti o finché non si sarà solidificato.

TRUCCO

Servire caldo, accompagnato da una maionese pre-tritata con qualche filino di zafferano tostato.

CARCIOFI CON FUNGHI E PARMIGIANO

INGREDIENTI

1½ kg di carciofi

200 g di funghi

50 g di parmigiano

1 bicchiere di vino bianco

3 pomodori grandi

1 cipollotto

1 limone

olio d'oliva

sale e pepe

Elaborazione

Mondate i carciofi, eliminando il gambo, le foglie esterne più dure e la punta. Tagliateli in quattro pezzi e strofinateli con il limone per evitare che si ossidino. Prenotazioni.

Fate rosolare lentamente la cipolla tagliata a pezzetti. Alzare la fiamma e aggiungere i funghi puliti e affettati. Cuocere per 3 minuti. Sfumare con il vino e aggiungere i pomodorini grattugiati ed i carciofi. Coprite e fate cuocere per 10 minuti, o fino a quando i carciofi saranno teneri e la salsa si sarà addensata.

Servire con la salsa e spolverare con il parmigiano.

TRUCCO

Un altro modo per evitare che i carciofi si ossidino è immergerli in acqua fredda con abbondante prezzemolo fresco.

MELANZANE MARINATE

INGREDIENTI

2 melanzane grandi

3 cucchiai di succo di limone

3 cucchiai di prezzemolo fresco tritato

2 cucchiai di aglio tritato

1 cucchiaio di cumino macinato

1 cucchiaio di cannella

1 cucchiaio di paprika piccante in polvere

olio d'oliva

Sale

Elaborazione

Affettare le melanzane nel senso della lunghezza. Salate e lasciate riposare su carta da cucina per 30 minuti. Sciacquare con abbondante acqua e conservare.

Irrorate le fette di melanzane con un filo d'olio e sale e infornate a 175°C per 25 minuti.

Unisci gli ingredienti rimanenti in una ciotola. Aggiungete le melanzane al composto e mescolate. Coprire e conservare in frigorifero per 2 ore.

TRUCCO

Affinché le melanzane perdano la loro amarezza, possono anche essere messe a bagno nel latte con un po' di sale per 20 minuti.

FAGIOLINI TONDI CON PROSCIUTTO SERRANO

INGREDIENTI

1 vasetto di fave sott'olio

2 spicchi d'aglio

4 fette di prosciutto serrano

1 cipollotto

2 uova

sale e pepe

Elaborazione

Scolare l'olio dalle fave in una padella. Fate soffriggere la cipolla tagliata a pezzetti, l'aglio lamellare e il prosciutto tagliato a listarelle sottili. Alzare la fiamma, aggiungere le fave e farle soffriggere per 3 minuti.

Sbattere le uova separatamente e aggiustare di sale. Versate le uova sulle fave e fatele cagliare leggermente, mescolando continuamente.

TRUCCO

Aggiungete un po' di panna o latte alle uova sbattute per renderle più morbide.

TRINXAT

INGREDIENTI

1 kg di cavolo cappuccio

1 kg di patate

100 g di pancetta

5 spicchi d'aglio

olio d'oliva

Sale

Elaborazione

Pulite e lavate il cavolo cappuccio e tagliatelo a fettine sottili. Sbucciare e tagliare in quarti le patate. Cuocere tutto insieme per 25 minuti. Toglietela e schiacciatela ben calda con una forchetta fino ad ottenere una consistenza liscia.

In una padella fate soffriggere l'aglio tritato e la pancetta tagliata a listarelle. Aggiungetela all'impasto di patate precedente e fatela rosolare per 3 minuti per lato, come se fosse una frittata di patate.

TRUCCO

Il cavolo cappuccio dovrà essere scolato bene dopo la cottura, altrimenti il trinxat non sarà ben dorato.

BROCCOLI GRATINATI CON PANCETTA E SALSA AURORA

INGREDIENTI

150 g di pancetta a listarelle

1 broccolo grande

Salsa Aurora (vedi sezione Brodi e Salse)

olio d'oliva

sale e pepe

Elaborazione

Fate rosolare bene le listarelle di pancetta in una padella e mettetele da parte.

Dividete i broccoli in mazzetti e cuoceteli in abbondante acqua salata per 10 minuti o finché saranno teneri. Scolare e posizionare su una teglia.

Mettete sui broccoli la pancetta, poi la salsa Aurora e fate gratinare alla massima temperatura fino a doratura.

TRUCCO

Per ridurre al minimo l'odore dei broccoli, aggiungete una bella spruzzata di aceto all'acqua di cottura.

CARDO CON GAMBERI E COZZE IN SALSA VERDE

INGREDIENTI

500 g di cardi cotti

2dl di vino bianco

2 dl di brodo di pesce

2 cucchiai di prezzemolo fresco tritato

1 cucchiaio di farina

20 cozze

4 spicchi d'aglio

1 cipolla

olio d'oliva

Sale

Elaborazione

Tagliare la cipolla e l'aglio a pezzetti. Friggere lentamente con 2 cucchiai di olio per 15 minuti.

Aggiungere la farina e cuocere per 2 minuti, mescolando continuamente. Alzare la fiamma, versare il vino e lasciarlo sfumare completamente.

Bagnare con il fumo e cuocere a fuoco basso per 10 minuti, mescolando continuamente. Aggiungere il prezzemolo e aggiustare di sale.

Aggiungete le cozze ed i cardi precedentemente puliti. Coprire e cuocere fino all'apertura delle cozze, 1 minuto.

TRUCCO

Non cuocere troppo a lungo il prezzemolo per evitare che perda il colore e diventi marrone.

CIPOLLA CARAMELLATA

INGREDIENTI

2 cipolle grandi

2 cucchiai di zucchero

1 cucchiaino di aceto di Modena o di sherry

Elaborazione

Friggere lentamente le cipolle tagliate a julienne, coperte, fino a renderle traslucide

Scoprire e cuocere fino a doratura. Aggiungete lo zucchero e fate cuocere per altri 15 minuti. Bagnare con l'aceto e cuocere per altri 5 minuti.

TRUCCO

Per fare una frittata con questa quantità di cipolle caramellate, utilizzate 800 g di patate e 6 uova.

FUNGHI RIPIENI CON PROSCIUTTO SERRANO E PESTO

INGREDIENTI

500 g di funghi freschi

150 g di prosciutto serrano

1 cipollotto tritato finemente

Pesto (vedi sezione brodi e salse)

Elaborazione

Tritare finemente la cipolla e il prosciutto. Fateli rosolare lentamente per 10 minuti e fateli raffreddare.

Pulite ed eliminate il gambo dei funghi. Friggerli a testa in giù in padella per 5 minuti.

Riempite i funghi con prosciutto e cipollotti, aggiungete sopra un po' di pesto e infornate a 200 °C per circa 5 minuti.

TRUCCO

Non è necessario aggiungere sale perché il prosciutto e il pesto sono un po' salati.

CAVOLFIORE CON AJOARRIERO

INGREDIENTI

1 cavolfiore grande

1 cucchiaio di paprika dolce

1 cucchiaio di aceto

2 spicchi d'aglio

8 cucchiai di olio d'oliva

Sale

Elaborazione

Dividete il cavolfiore in mazzetti e cuocetelo in abbondante acqua salata per 10 minuti o fino a cottura ultimata.

Sfilettare l'aglio e rosolarlo nell'olio. Togliere la pentola dal fuoco e aggiungere la paprika in polvere. Cuocere per 5 secondi e aggiungere l'aceto. Condire il soffritto con sale e salsa.

TRUCCO

Per far sì che il cavolfiore meno odori durante la cottura, aggiungete all'acqua 1 bicchiere di latte.

CAVOLFIORE GRATTUGIATO

INGREDIENTI

100 g di parmigiano grattugiato

1 cavolfiore grande

2 tuorli d'uovo

Besciamella (vedi sezione brodi e salse)

Elaborazione

Dividete il cavolfiore in mazzetti e cuocetelo in abbondante acqua salata per 10 minuti o fino a cottura ultimata.

Aggiungetela alla besciamella (una volta tolta dal fuoco) sbattendo i tuorli e il formaggio.

Disporre il cavolfiore in una teglia da forno e irrorarlo con la besciamella. Grigliare alla massima temperatura fino a quando la superficie sarà dorata.

TRUCCO

Quando alla besciamella si aggiungono formaggio grattugiato e tuorli d'uovo, si ottiene una nuova salsa chiamata Mornay.

DUXELLE

INGREDIENTI

500 g di funghi

100 g di burro

100 g di cipollotti (o cipolle)

sale e pepe

Elaborazione

Pulite i funghi e tagliateli a pezzetti più piccoli possibile.

Far rosolare le cipolle tagliate a pezzetti molto piccoli nel burro e aggiungere i funghi. Friggere finché il liquido non sarà completamente perso. Stagione.

TRUCCO

Può essere un perfetto contorno, un ripieno o anche un primo piatto. Duxelle ai funghi con uova in camicia, petto di pollo ripieno di duxelle, ecc.

INDIVIA CON SALMONE AFFUMICATO E CABRALES

INGREDIENTI

200 g di panna

150 g di salmone affumicato

100 g di formaggio Cabrales

50 g di noci sbucciate

6 germogli di indivia

sale e pepe

Elaborazione

Pulite le indivie, lavatele bene con acqua fredda e immergetele in acqua ghiacciata per 15 minuti.

Mescolare in una ciotola il formaggio, il salmone tagliato a listarelle, le noci, la panna, il sale e il pepe e riempire l'indivia con questa salsa.

TRUCCO

Sciacquare l'indivia sotto l'acqua fredda e immergerla in acqua ghiacciata per eliminare il sapore amaro.

LOMBARDA SEGOVIANO

INGREDIENTI

40 g di pinoli

40 g di uvetta

1 cucchiaio di paprika

3 spicchi d'aglio

1 cavolo rosso

1 mela cannella

olio d'oliva

Sale

Elaborazione

Eliminare il gambo centrale e le foglie esterne del cavolo rosso e tagliarlo a julienne. Togliere il torsolo alla mela senza togliere la buccia e tagliarla in quarti. Cuocere il cavolo rosso, l'uvetta e la mela per 90 minuti. Scolare e riservare.

Affettate l'aglio e fatelo soffriggere in padella. Aggiungete i pinoli e fateli tostare. Aggiungete la paprika in polvere e aggiungete il cavolo rosso con l'uvetta e la mela. Friggere per 5 minuti.

TRUCCO

Per evitare che il cavolo rosso perda colore, cuocetelo con acqua bollente e aggiungete una spruzzata di aceto.

INSALATA DI PEPERONI FRITTI

INGREDIENTI

3 pomodori

2 melanzane

2 cipolle

1 peperone rosso

1 spicchio d'aglio

Aceto (facoltativo)

Olio extravergine d'oliva

Sale

Elaborazione

Preriscaldare il forno a 170°C.

Lavare le melanzane, i peperoni e i pomodori e sbucciare le cipolle. Disponete tutte le verdure su una teglia e irroratele con un abbondante filo d'olio. Arrostire per 1 ora, girando di tanto in tanto per arrostire in modo uniforme. Tira fuori come sono fatti.

Lasciare raffreddare i peperoni, eliminare la pelle e i semi. Tagliare a julienne i peperoni, le cipolle e le melanzane senza semi. Rimuovere gli spicchi d'aglio dalla testa fritta esercitando una leggera pressione.

Mescolare tutte le verdure in una ciotola, condire con un pizzico di sale e l'olio della frittura. Puoi anche aggiungere qualche goccia di aceto.

TRUCCO

È utile praticare alcuni tagli nella buccia delle melanzane e dei pomodori in modo che non si spacchino durante la frittura e siano quindi più facili da sbucciare.

PISELLI FRANCESI

INGREDIENTI

850 g di piselli puliti

250 g di cipolle

90 g di prosciutto serrano

90 g di burro

1 litro di brodo di carne

1 cucchiaio di farina

1 insalata pulita

Sale

Elaborazione

Fate rosolare nel burro la cipolla tritata finemente e il prosciutto tagliato a dadini. Aggiungere la farina e friggere per 3 minuti.

Versare il brodo e cuocere per altri 15 minuti, mescolando di tanto in tanto. Aggiungete i piselli e fate cuocere a fuoco medio per 10 minuti.

Aggiungere le foglie fini di lattuga e cuocere per altri 5 minuti. Aggiungi un pizzico di sale.

TRUCCO

Cuocere i piselli scoperti per evitare che diventino grigi. L'aggiunta di un pizzico di zucchero durante la cottura esalta il sapore dei piselli.

CREMA DI SPINACI

INGREDIENTI

3/4 libbre di spinaci freschi

45 g di burro

45 g di farina

½ litro di latte

3 spicchi d'aglio

noce moscata

olio d'oliva

sale e pepe

Elaborazione

Preparare una besciamella con il burro fuso e la farina. Fate soffriggere lentamente per 5 minuti e aggiungete il latte, mescolando continuamente. Cuocere per 15 minuti e condire con sale, pepe e noce moscata.

Cuocere gli spinaci in abbondante acqua salata. Scolatele, fatele raffreddare e strizzatele bene in modo che siano completamente asciutte.

Tagliate l'aglio a dadini e fatelo soffriggere nell'olio per 1 minuto. Aggiungete gli spinaci e fateli rosolare a fuoco medio per 5 minuti.

Mescolare gli spinaci con la besciamella e cuocere per altri 5 minuti, mescolando continuamente.

TRUCCO

Accompagnare con qualche triangolino di pane a fette tostato.

FAGIOLINI CON BUTIFARRA BIANCA

INGREDIENTI

1 vasetto di fave sott'olio

2 spicchi d'aglio

1 salsiccia bianca

1 cipollotto

olio d'oliva

Sale

Elaborazione

Scolare l'olio dalle fave in una padella. Soffriggere la cipolla e l'aglio a pezzetti e aggiungere i cubetti di salsiccia.

Friggere per 3 minuti finché non saranno leggermente dorate. Alzare la fiamma, aggiungere le fave e farle rosolare per altri 3 minuti. Aggiungi un pizzico di sale.

TRUCCO

Si può fare anche con fagioli teneri. Per fare questo, lessali in acqua fredda per 15 minuti o fino a quando saranno teneri. Rinfrescare con acqua e ghiaccio e sbucciare. Quindi preparate la ricetta allo stesso modo.

FAGIOLINI CON PROSCIUTTO

INGREDIENTI

600 g di fagiolini

150 g di prosciutto serrano

1 cucchiaino di paprica

5 pomodori

3 spicchi d'aglio

1 cipolla

olio d'oliva

Sale

Elaborazione

Eliminare i lati e le estremità dei fagioli e tagliarli a pezzi grossi. Cuocere in acqua bollente per 12 minuti. Scolare, raffreddare e riservare.

Tagliare la cipolla e l'aglio a pezzetti. Cuocere lentamente per 10 minuti e aggiungere il prosciutto serrano. Friggere per altri 5 minuti. Aggiungere la paprika in polvere e i pomodorini grattugiati e friggere finché non avranno perso tutta l'acqua.

Aggiungete i fagiolini al sugo e fate cuocere per altri 3 minuti. Aggiungi un pizzico di sale.

TRUCCO

Il chorizo può essere sostituito con il prosciutto serrano.

STUFATO D'AGNELLO

INGREDIENTI

450 g di carne di agnello

200 g di fagiolini

150 g di fave sbucciate

150 g di piselli

2 litri di brodo di carne

2dl di vino rosso

4 cuori di carciofi

3 spicchi d'aglio

2 pomodori grandi

2 patate grandi

1 peperone verde

1 peperone rosso

1 cipolla

olio d'oliva

sale e pepe

Elaborazione

Tritare l'agnello, condirlo e friggerlo a fuoco vivace. Rimuovi e prenota.

Fate soffriggere lentamente l'aglio e la cipolla tritati nello stesso olio per 10 minuti. Aggiungete i pomodorini grattugiati e fate cuocere finché l'acqua non sarà completamente evaporata. Irrorare con il vino e lasciare ridurre. Versare il brodo, aggiungere l'agnello e cuocere per 50 minuti o fino a quando la carne sarà tenera. Stagione.

A parte, in un'altra pentola, fate soffriggere i peperoni tagliati a cubetti, i piselli, i carciofi tagliati in quarti, i fagiolini tagliati in 8 pezzi e le fave. Versare il brodo d'agnello e portare ad ebollizione lentamente per 5 minuti. Aggiungere le patate sbucciate e tagliate a dadini. Cuocere fino a quando saranno teneri. Aggiungete l'agnello e un po' del suo brodo di cottura.

TRUCCO

Cuocere i piselli scoperti per evitare che diventino grigi.

MILF DI MELANZANE CON FORMAGGIO DI CAPRA, MIELE E CURRY

INGREDIENTI

200 g di formaggio caprino

1 melanzana

Tesoro

curry

Farina

olio d'oliva

Sale

Elaborazione

Tagliate le melanzane a fettine sottili, disponetele su carta da cucina e conditele con sale su entrambi i lati. Lasciare riposare per 20 minuti. Togliere il sale in eccesso, infarinare e friggere.

Tagliare il formaggio a fettine sottili. Assemblare strati di melanzane e formaggio. Cuocere per 5 minuti a 160 °C.

Servite e aggiungete ad ogni fetta di melanzana 1 cucchiaino di miele e un pizzico di curry.

TRUCCO

Tagliando le melanzane e lasciandole sotto sale si elimina tutta l'amarezza.

TORTA CON ASPARAGI BIANCHI E SALMONE AFFUMICATO

INGREDIENTI

400 g di asparagi in scatola

200 g di salmone affumicato

½ litro di panna

4 uova

Farina

olio d'oliva

sale e pepe

Elaborazione

Mescolare tutti gli ingredienti fino ad ottenere un impasto fine. Filtrare per evitare i fili di asparagi.

Versare negli stampini precedentemente imburrati e infarinati. Infornare a 170°C per 20 minuti. Può essere preso caldo o freddo.

TRUCCO

Un accompagnamento perfetto è una maionese a base di foglie di basilico fresco tritate.

PEPERONI PIQUILLO RIPIENI DI MORCILLA CON SALSA ALLA SENAPE DOLCE

INGREDIENTI

Crema da 125 ml

8 cucchiai di senape

2 cucchiai di zucchero

12 peperoni piquillo

2 sanguinacci

pignone

Farina e uova (per impanare)

olio d'oliva

Elaborazione

Sbriciolare il sanguinaccio e rosolarlo in una padella ben calda con una manciata di pinoli. Lasciare raffreddare e farcire i peperoni. Passateli nella farina e nell'uovo e friggeteli in abbondante olio.

Portare a ebollizione la panna, la senape e lo zucchero finché non si saranno addensati. Servire i peperoni con la salsa piccante.

TRUCCO

Bisogna friggere i peperoni poco a poco e con l'olio fino a quando saranno ben caldi.

CARDO CON SALSA DI MANDORLE

INGREDIENTI

900 g di cardi cotti

75 g di mandorle granellate

50 g di farina

50 g di burro

Brodo di pollo da 1 litro

1 dl di vino bianco

1dl di panna

1 cucchiaio di prezzemolo fresco tritato

2 spicchi d'aglio

2 tuorli d'uovo

1 cipolla

olio d'oliva

sale e pepe

Elaborazione

Far sudare lentamente le mandorle e la farina nel burro per 3 minuti. Versare il brodo di pollo continuando a frullare e cuocere per altri 20 minuti. Aggiungete la panna e aggiungete i tuorli fuori dal fuoco continuando a sbattere. Stagione.

Soffriggere separatamente nell'olio la cipolla e l'aglio tagliati a cubetti. Aggiungere i cardi, alzare la fiamma e irrorare con il vino. Lasciarlo ridurre completamente.

Aggiungete il brodo al cardo e servite con il prezzemolo.

TRUCCO

Non surriscaldare la salsa dopo aver incorporato i tuorli d'uovo, in modo che non si accartocci e la salsa rimanga grumosa.

PISTO

INGREDIENTI

4 pomodori maturi

2 peperoni verdi

2 zucchine

2 cipolle

1 peperone rosso

2-3 spicchi d'aglio

1 cucchiaino di zucchero

olio d'oliva

Sale

Elaborazione

Sbollentare i pomodori, eliminare la pelle e tagliarli a cubetti. Mondate e tagliate a dadini anche le cipolle e le zucchine. Togliere i semi dai peperoni e tagliare la polpa a cubetti.

Fate soffriggere l'aglio e la cipolla con un filo d'olio per 2 minuti. Aggiungere i peperoni e friggere per altri 5 minuti. Aggiungete le zucchine e fatele cuocere ancora per qualche minuto. Infine aggiungete i pomodori e fate cuocere finché non perderanno tutta l'acqua. Correggere lo zucchero e il sale e portare a ebollizione.

TRUCCO

Puoi usare pomodori schiacciati in scatola o una buona salsa di pomodoro.

PORRO CON VINAIGRETTE DI VERDURE

INGREDIENTI

8 porri

2 spicchi d'aglio

1 peperone verde

1 peperone rosso

1 cipollotto

1 cetriolo

12 cucchiai di olio

4 cucchiai di aceto

sale e pepe

Elaborazione

Tritare finemente il peperone, il cipollotto, l'aglio e il cetriolo. Mescolare con olio, aceto, sale e pepe. Rimuovere.

Pulite il porro e fatelo cuocere in acqua bollente per 15 minuti. Sfornateli, asciugateli e tagliateli ciascuno in 3 pezzi. Piatto e salsa con la vinaigrette.

TRUCCO

Preparare una vinaigrette con pomodori, cipolle verdi, capperi e olive nere. Porri gratinati con mozzarella e salsa. Delizioso.

QUICHE DI PORRI, PANCETTA E FORMAGGIO

INGREDIENTI

200 g di formaggio Manchego

1 litro di panna

8 uova

6 porri grandi puliti

1 confezione di pancetta affumicata

1 confezione di pasta sfoglia surgelata

Farina

olio d'oliva

sale e pepe

Elaborazione

Imburrare e infarinare uno stampo e foderarlo con la pasta sfoglia. Mettete sopra un foglio di alluminio e le verdure per evitare che lievitino e infornate a 185 °C per 15 minuti.

Nel frattempo fate soffriggere lentamente il porro tagliato finemente. Aggiungete anche la pancetta tagliata finemente.

Mescolare le uova sbattute con la panna, il porro, la pancetta e il formaggio grattugiato. Aggiustare di sale e pepe, versare il composto sulla pasta sfoglia e infornare a 165°C per 45 minuti o fino a solidificazione.

TRUCCO

Per verificare se la quiche è compatta, forare il centro con un ago. Se esce asciutto è segno che la torta è pronta.

POMODORI ALLA PROVENZALE

INGREDIENTI

100 g di pangrattato

4 pomodori

2 spicchi d'aglio

Prezzemolo

olio d'oliva

sale e pepe

Elaborazione

Sbucciare l'aglio e tagliarlo a pezzetti e mescolarlo con il pangrattato. Dividete a metà i pomodori e privateli dei semi.

Scaldare l'olio in una padella e aggiungere i pomodorini tagliati con la parte rivolta verso il basso. Se la pelle inizia a sollevarsi ai bordi, giratela. Cuocere per altri 3 minuti e disporre in una pirofila.

Rosolare nella stessa padella il composto di pane e l'aglio. Dopo la tostatura, cospargere i pomodori. Preriscaldare il forno a 180°C e cuocere per 10 minuti, facendo attenzione a non farli seccare.

TRUCCO

Solitamente viene consumato come contorno, ma anche come secondo piatto, accompagnato da mozzarella leggermente sfornata.

CIPOLLE RIPIENE

INGREDIENTI

125 g di carne macinata

125 g di pancetta

2 cucchiai di salsa di pomodoro

2 cucchiai di pangrattato

4 cipolle grandi

1 uovo

olio d'oliva

sale e pepe

Elaborazione

Fate soffriggere la pancetta tagliata a dadini e la carne macinata con sale e pepe finché non perderà il suo colore rosa. Aggiungere il pomodoro e cuocere ancora 1 minuto.

Mescolare la carne con l'uovo e il pangrattato.

Rimuovere il primo strato di cipolle e le loro basi. Cuocere coperto d'acqua per 15 minuti. Asciugare, eliminare la parte centrale e riempire con la carne. Cuocere a 175°C per 15 minuti.

TRUCCO

Potete preparare una salsa Mornay sostituendo l'acqua di cottura della cipolla con metà del latte. Salsa sopra e gratinare.

FUNGHI IN CREMA CON NOCI

INGREDIENTI

1 kg di funghi misti

250 ml di panna

Acquavite da 125 ml

2 spicchi d'aglio

Noci

olio d'oliva

sale e pepe

Elaborazione

Soffriggere l'aglio filettato in una pentola. Alzare la fiamma e aggiungere i funghi puliti e affettati. Friggere per 3 minuti.

Bagnare con il brandy e lasciare ridurre. Versare la panna e cuocere lentamente per altri 5 minuti. Pestate una manciata di noci nel mortaio e versatela sopra.

TRUCCO

Una buona opzione sono i funghi coltivati e anche quelli disidratati.

TORTA AL POMODORO E BASILICO

INGREDIENTI

½ litro di panna

8 cucchiai di passata di pomodoro (vedi sezione brodi e salse)

4 uova

8 foglie di basilico fresco

Farina

olio d'oliva

sale e pepe

Elaborazione

Mescolare tutti gli ingredienti fino ad ottenere una pasta omogenea.

Preriscaldare il forno a 170°C. Distribuire negli stampini precedentemente infarinati e unti e cuocere per 20 minuti.

TRUCCO

Un'ottima opzione è quella di utilizzare la salsa di pomodoro avanzata da un'altra ricetta.

STUFATO DI PATATE CON POLLO AL CURRY

INGREDIENTI

1 kg di patate

½ litro di brodo di pollo

2 petti di pollo

1 cucchiaio di curry

2 spicchi d'aglio

2 pomodori

1 cipolla

1 foglia di alloro

olio d'oliva

sale e pepe

Elaborazione

Tagliare il seno a cubetti di media grandezza. Condire e friggere in olio bollente. Rimuovi e prenota.

Soffriggere la cipolla e l'aglio tagliati a cubetti nello stesso olio a fuoco basso per 10 minuti. Aggiungere il curry e soffriggere per un altro minuto. Aggiungete i pomodorini grattugiati, alzate la fiamma e fate cuocere fino a quando il pomodoro perderà tutta la sua acqua.

Sbucciare e sbucciare le patate. Aggiungeteli al sugo e fate cuocere per 3 minuti, bagnate con il brodo e l'alloro. Cuocere a fuoco basso fino a cottura delle patate e condire con sale e pepe.

TRUCCO

Versare un po' di brodo e qualche patata e schiacciarle con una forchetta fino ad ottenere una purea. Aggiungilo nuovamente allo spezzatino e cuoci, mescolando continuamente, per 1 minuto. Questo renderà il brodo più denso senza bisogno di farina.

UOVA DOLCI

INGREDIENTI

8 uova

Pane tostato

sale e pepe

Elaborazione

Mettete le uova in una pentola ricoperte di acqua fredda e sale. Cuocere finché l'acqua non raggiunge un leggero bollore. Lasciare sul fuoco per 3 minuti.

Rimuovere l'uovo e raffreddarlo in acqua ghiacciata. Rompi con attenzione il guscio superiore come un cappello. Aggiustare di sale e pepe e servire con grissini tostati.

TRUCCO

È importante che l'uovo si muova nel primo minuto in modo che il tuorlo sia al centro.

PATATE AL SIGNIFICATO

INGREDIENTI

1 kg di patate

¾ l di brodo di pesce

1 bicchiere piccolo di vino bianco

1 cucchiaio di farina

2 spicchi d'aglio

1 cipolla

Farina e uova (per spennellare)

Prezzemolo

olio d'oliva

Elaborazione

Sbucciare le patate e tagliarle a fette non molto spesse. Filtrare la farina e l'uovo. Friggere e prenotare.

Lessare la cipolla e dividere l'aglio in piccoli pezzi. Aggiungete il cucchiaio di farina, fate tostare e bagnate con il vino. Lasciarlo ridurre finché non sarà quasi asciutto e inumidirlo con il fumo. Cuocere a fuoco basso per 15 minuti. Aggiustare di sale e aggiungere il prezzemolo.

Aggiungere le patate alla salsa e cuocere finché saranno tenere.

TRUCCO

Puoi aggiungere qualche pezzo di rana pescatrice o nasello e gamberetti.

MOLLE TEGS CON PIETRE

INGREDIENTI

8 uova

150 g di funghi porcini disidratati

50 g di burro

50 g di farina

1 dl di vino dolce

2 spicchi d'aglio

noce moscata

Aceto

olio

sale e pepe

Elaborazione

Mettere a bagno i funghi porcini in 1 litro di acqua calda per circa 1 ora. Nel frattempo fate cuocere le uova in acqua bollente con sale e aceto per 5 minuti. Rimuovere e rinfrescare immediatamente in acqua ghiacciata. Sbucciare con attenzione.

Scolate i funghi porcini e tenete da parte l'acqua. Affettate l'aglio e fatelo soffriggere leggermente nell'olio. Aggiungete i funghi porcini e fate cuocere a fuoco vivace per 2 minuti. Salare, pepare e bagnare con il vino dolce finché la salsa non si sarà ridotta e la salsa sarà asciutta.

Sciogliere il burro con la farina in un pentolino. Fate rosolare a fuoco basso per 5 minuti senza smettere di mescolare. Versare l'acqua di idratazione dei funghi porcini. Cuocere a fuoco basso per 15 minuti, mescolando continuamente. Assaggia e aggiungi noce moscata.

Disporre sul fondo i funghi porcini, poi le uova e guarnire con la salsa.

TRUCCO

L'uovo di Mollet dovrà rimanere con l'albume coagulato e il tuorlo che cola.

PATATE BASSE E BIANCHE

INGREDIENTI

1 kg di patate

600 g di merlano disossato e senza pelle

4 cucchiai di salsa di pomodoro

1 cipolla grande

2 spicchi d'aglio

1 foglia di alloro

Brandy

olio d'oliva

sale e pepe

Elaborazione

Sbucciare le patate, tagliarle in quarti e cuocerle in acqua salata per 30 minuti. Scolare e passare al passaverdure. Stendere la purea su pellicola trasparente e conservare.

Tritare finemente la cipolla e l'aglio. Far rosolare a fuoco medio per 5 minuti e aggiungere l'alloro e il merlano tritato e condito. Cuocere a fuoco lento per altri 5 minuti senza mescolare, bagnare con un goccio di brandy e lasciar ridurre. Aggiungere la salsa di pomodoro e cuocere un altro minuto. Lasciare raffreddare.

Spruzzate il vino bianco sulla base di patate, avvolgetela a forma di rotolino e conservatela in frigorifero fino al momento di servire.

TRUCCO

Può essere preparato con qualsiasi pesce fresco o congelato. Servire con salsa rosa o alioli.

FRITTATA DI COCIDO (VESTITI VECCHI)

INGREDIENTI

Asta da 125 g

100 g di pollo o pollo

60 g di cavolo cappuccio

60 g di pancetta

1 cucchiaino di paprica

3 spicchi d'aglio

1 sanguinaccio

1 salsiccia

1 cipolla

2 cucchiai di olio d'oliva

Sale

Elaborazione

Tagliare la cipolla e l'aglio a pezzetti. Cuocere a vapore per 10 minuti a fuoco basso. Tritare finemente la carne cotta e il cavolo e aggiungerli alla cipolla. Cuocere a fuoco medio fino a quando la carne sarà dorata e tostata.

Rompi le uova e aggiungile alla carne. Aggiustare di sale.

Scaldate molto bene una padella, aggiungete l'olio e lasciate rapprendere la tortilla su entrambi i lati.

TRUCCO

Ad esso si abbina bene una buona salsa di pomodoro al cumino.

PATATE RIPIENE CON SALMONE AFFUMICATO, PANCETTA E MELANZANE

INGREDIENTI

4 patate medie

250 g di pancetta

150 g di parmigiano

200 g di salmone affumicato

½ litro di panna

1 melanzana

olio d'oliva

sale e pepe

Elaborazione

Lavare bene le patate e cuocerle con la buccia a fuoco medio per 25 minuti o finché saranno tenere. Scolare, tagliare a metà e svuotare, lasciando un leggero strato. Conservare le patate intere e svuotarle.

Fate rosolare la pancetta tagliata a listarelle sottili in una padella ben calda. Rimuovi e prenota. Lessare le melanzane tagliate a cubetti nello stesso olio per 15 minuti o finché saranno tenere.

Mettete in una casseruola le patate scolate, le melanzane in camicia, la pancetta, il salmone a fette, il parmigiano e la panna. Cuocere a fuoco medio per 5 minuti e condire con sale e pepe.

Riempire le patate con il composto precedente e gratinare a 180 ºC fino a doratura.

TRUCCO

Puoi preparare delle melanzane con lo stesso ripieno.

CROCCHETTE DI PATATE E FORMAGGIO

INGREDIENTI

500 g di patate

150 g di parmigiano grattugiato

50 g di burro

Farina, uova e pangrattato (per la panatura)

2 tuorli d'uovo

noce moscata

sale e pepe

Elaborazione

Sbucciare le patate, tagliarle in quarti e cuocerle a fuoco medio con acqua e sale per 30 minuti. Scolare e passare al passaverdure. Aggiungete il burro, il tuorlo d'uovo, il sale, il pepe, la noce moscata e il parmigiano mentre è caldo. Lasciare raffreddare.

Formate delle palline come delle crocchette e passatele nella farina, nell'uovo sbattuto e nel pangrattato. Friggere in abbondante olio fino a doratura.

TRUCCO

Prima di ricoprire, aggiungere al centro della crocchetta 1 cucchiaino di salsa di pomodoro e un pezzetto di salsiccia appena cotta. Sono deliziosi.

BUONE PATATE FRITTE

INGREDIENTI

1 kg di patate tardive o semitardive (varietà Sour o Monalisa)

1 litro di olio d'oliva

Sale

Elaborazione

Sbucciare le patate e tagliarle a bastoncini regolari. Lavateli in abbondante acqua fredda finché non risulteranno completamente trasparenti. Asciugare bene

Scaldare l'olio in una padella a fuoco medio, a circa 150°C. Quando inizierà a bollire leggermente ma costantemente, aggiungere le patate e farle cuocere finché saranno tenerissime, facendo attenzione a non romperle.

Alzare la fiamma al massimo con l'olio ben caldo e aggiungere le patate poco a poco, girandole con una schiumarola. Friggere fino a doratura e croccante. Rimuovere, lasciando scolare l'olio in eccesso e il sale.

TRUCCO

Entrambe le temperature dell'olio sono importanti. Questo li rende molto morbidi all'interno e croccanti all'esterno. Infine aggiungete il sale.

UOVA ALLA FIORENTINA

INGREDIENTI

8 uova

800 g di spinaci

150 g di prosciutto crudo

1 spicchio d'aglio

Besciamella (vedi sezione brodi e salse)

Sale

Elaborazione

Cuocere gli spinaci in acqua bollente salata per 5 minuti. Rinnovare e strizzare in modo che perdano tutta l'acqua. Tritare finemente e conservare.

Tritare l'aglio e rosolarlo a fuoco medio per 1 minuto. Aggiungete il prosciutto tagliato a cubetti e cuocete ancora per 1 minuto. Alzare la fiamma, aggiungere gli spinaci e cuocere per altri 5 minuti, quindi dividere gli spinaci in 4 pentole di terracotta.

Versare 2 uova sbattute sugli spinaci. Versarvi sopra la besciamella e infornare a 170 °C per 8 minuti.

TRUCCO

Le preparazioni con gli spinaci si chiamano fiorentine.

STUFATO DI PATATE CON PESCE DI MARE E GAMBERI

INGREDIENTI

4 patate

300 g di rana pescatrice pulita e disossata

250 g di gamberi sgusciati

½ l di brodo di pesce

1 bicchiere di vino bianco

1 cucchiaio di pasta di peperoncino chorizo

1 cucchiaino di paprica

8 fili di zafferano

3 fette di pane tostato

2 spicchi d'aglio

1 cipolla

olio d'oliva

sale e pepe

Elaborazione

Soffriggere la cipolla e l'aglio tritato finemente a fuoco basso per 10 minuti. Aggiungere le fette di pane e friggere. Aggiungere lo zafferano, i peperoni e il chorizo. Friggere per 2 minuti.

Metti le patate nella cache e aggiungile alla salsa. Friggere per 3 minuti. Aggiungete il vino e fatelo ridurre completamente.

Bagnate con il brodo e fate cuocere a fuoco basso finché le patate saranno quasi cotte. Aggiungere la rana pescatrice tagliata a pezzetti e i gamberi sgusciati. Condire e cuocere per altri 2 minuti. Lasciare fuori dal fuoco per 5 minuti.

TRUCCO

Le patate cachelar significano spezzettarle in pezzi uniformi senza tagliarle completamente. Questo renderà il brodo più denso.

UOVA IN STILE FLAMENCO

INGREDIENTI

8 uova

200 g di salsa di pomodoro

1 lattina piccola di peperoni piquillo

4 cucchiai di piselli cotti

4 fette di prosciutto serrano

4 fette spesse di chorizo

4 asparagi in scatola

Elaborazione

Dividere la salsa di pomodoro in 4 pentole di terracotta. Aggiungere 2 uova sbattute ciascuna e distribuire in mucchi diversi i piselli, il chorizo e il prosciutto tagliati a pezzetti, nonché i peperoni e gli asparagi tagliati a listarelle.

Cuocere in forno a 190°C fino a quando le uova saranno leggermente solidificate.

TRUCCO

Si può preparare con la botifarra e anche con la salsiccia fresca.

TORTILLA PAISANA

INGREDIENTI

6 uova

3 patate grandi

25 g di piselli cotti

25 g di salsiccia

25 g di prosciutto serrano

1 peperone verde

1 peperone rosso

1 cipolla

olio d'oliva

sale e pepe

Elaborazione

Tagliare la cipolla e il peperone a pezzetti. Tagliare le patate sbucciate a fette molto sottili. Fate soffriggere le patate con la cipolla e i peperoni a fuoco medio.

Friggere il chorizo e il prosciutto tagliato a cubetti. Scolare le patate con cipolle e peperoni. Mescolare con il chorizo e il prosciutto. Aggiungere i piselli.

Sbattere le uova, aggiustare di sale e pepe e unirle alle patate e agli altri ingredienti. Scaldare bene una padella media, aggiungere il composto precedente e lasciarlo rapprendere su entrambi i lati.

TRUCCO

È necessario cagliarlo un po' man mano che termina con il calore residuo. Questo lo rende più succoso.

UOVA AL COTTO CON SALSICCIA E SENAPE

INGREDIENTI

8 uova

2 salsicce affumicate tedesche

5 cucchiai di senape

4 cucchiai di panna

2 cetrioli

sale e pepe

Elaborazione

Mescolare i cetrioli tritati finemente con la senape e la panna.

Tagliare le salsicce a fettine sottili sul fondo di 4 pentole di terracotta. Versarvi sopra la salsa di senape e poi aggiungere a ciascuna 2 uova sbattute. Stagione.

Infornare a 180°C finché l'albume non si sarà rappreso.

TRUCCO

Aggiungete al composto di senape e panna 2 cucchiai di parmigiano grattugiato e qualche rametto di timo fresco.

FRITTATA DI PATATE IN SALSA

INGREDIENTI

7 uova grandi

800 g di patate da friggere

1 dl di vino bianco

¼ di litro di brodo di pollo

1 cucchiaio di prezzemolo fresco

1 cucchiaino di paprica

1 cucchiaino di farina

3 spicchi d'aglio

olio d'oliva autoctono

Sale

Elaborazione

Tritate finemente l'aglio e fatelo soffriggere a fuoco medio per 3 minuti senza farlo dorare eccessivamente. Aggiungere la farina e friggere per 2 minuti. Aggiungere i peperoni e friggere per 5 secondi. Irrorare con il vino e lasciare ridurre completamente. Bagnare con il brodo e cuocere a fuoco basso per 10 minuti, mescolando di tanto in tanto. Aggiustare di sale e cospargere di prezzemolo.

Sbucciare le patate. Squartatelo nel senso della lunghezza e tagliatelo a fettine sottili. Friggere fino a quando saranno morbide e leggermente dorate.

Sbattere le uova e condire con sale. Scolate bene le patate e unitele alle uova sbattute. Aggiustare di sale.

Scaldate una padella, aggiungete 3 cucchiai dell'olio utilizzato per friggere le patate e aggiungete il composto di uova e patate. Mescolare a fuoco alto per 15 secondi. Capovolgilo con un piatto. Riscaldare la padella e aggiungere altri 2 cucchiai di olio delle patate fritte. Aggiungere la tortilla e rosolarla a fuoco vivace per 15 secondi. Aggiustare di sale e cuocere a fuoco basso per 5 minuti.

TRUCCO

Per questo tipo di ricette è possibile utilizzare il brodo avanzato dagli stufati o dai piatti di riso.

PURRUSALDA

INGREDIENTI

1 kg di patate

200 g di merluzzo dissalato

100 ml di vino bianco

3 porri di media grandezza

1 cipolla grande

Elaborazione

Cuocere il merluzzo in 1 litro di acqua fredda per 5 minuti. Togliere il baccalà, sbriciolarlo e togliere le lische. Conservare l'acqua di cottura.

Tagliate la cipolla a julienne e fatela rosolare in una pentola a fuoco basso per circa 20 minuti. Tagliare il porro a fettine leggermente spesse e unirlo alla cipolla. Cuocere per altri 10 minuti.

Cachelar (strappare, non tagliare) le patate e aggiungerle allo spezzatino quando i porri saranno lessati. Far rosolare leggermente le patate, alzare la fiamma e irrorare con il vino bianco. Lascialo ridurre.

Versare l'acqua di cottura del merluzzo sullo spezzatino, aggiustare di sale (deve risultare un po' insipido) e cuocere fino a quando le patate saranno tenere. Aggiungere il merluzzo e cuocere per 1 altro minuto. Aggiustare di sale e lasciare riposare coperto per 5 minuti.

TRUCCO

Trasforma questo spezzatino in una crema. È solo necessario schiacciare e filtrare. Delizioso.

PATATE AL FORNO

INGREDIENTI

500 g di patate

1 bicchiere di vino bianco

1 cipolla piccola

1 peperone verde

olio d'oliva

Sale

Elaborazione

Sbucciare le patate e tagliarle a fettine sottili. Tagliare la cipolla e il peperone a julienne. Posizionare su una teglia. Salare e ricoprire bene con olio. Mescolare in modo che il tutto sia ben inzuppato e coprire con un foglio di alluminio.

Cuocere a 160°C per 1 ora. Tiratelo fuori, togliete la carta e bagnate con il bicchiere di vino.

Cuocere in forno scoperto a 200 ºC per altri 15 minuti.

TRUCCO

Potete sostituire il vino con ½ bicchiere d'acqua, ½ bicchiere di aceto e 2 cucchiai di zucchero.

Mescolare i funghi

INGREDIENTI

8 uova

500 g di funghi, puliti e affettati

100 g di prosciutto serrano a cubetti

8 fette di pane tostato

2 spicchi d'aglio

olio d'oliva

Elaborazione

Tagliate l'aglio a fettine e fatelo rosolare leggermente insieme ai cubetti di prosciutto senza che prendano colore. Alzare la fiamma, aggiungere i funghi puliti e affettati e farli rosolare per 2 minuti.

Aggiungere le uova sbattute, mescolando continuamente fino a quando saranno leggermente sode e schiumose.

TRUCCO

Non è necessario aggiungere sale perché lo prevede il prosciutto serrano.

UOVA AL PIATTO CON ARCHIVIE E OLIVE

INGREDIENTI

8 uova

500 g di pomodori

40 g di olive nere denocciolate

12 acciughe

10 capperi

3 spicchi d'aglio

1 cipollotto

origano

Zucchero

olio d'oliva

Sale

Elaborazione

Tritare finemente l'aglio e la cipolla. Cuocere a fuoco basso per 10 minuti.

Sbucciare i pomodori, privarli del torsolo e tagliarli a cubetti. Aggiungere alla salsa di aglio e cipolla. Alzare la fiamma e cuocere fino a quando il pomodoro perderà tutta la sua acqua. Regolare sale e zucchero.

Distribuire i pomodori in vasi di terracotta. Metti 2 uova sbattute e versaci sopra il resto degli ingredienti tritati. Infornare a 180°C finché l'albume non si sarà rappreso.

TRUCCO

L'aggiunta di zucchero nelle ricette che utilizzano i pomodori serve a bilanciare l'acidità che fornisce.

PATATE IN CREMA CON PANCETTA E PARMIGIANO

INGREDIENTI

1 kg di patate

250 g di pancetta

150 g di parmigiano

300 ml di panna

3 cipolle

noce moscata

olio d'oliva

sale e pepe

Elaborazione

Mescolare in una ciotola la panna, il formaggio, il sale, il pepe e la noce moscata.

Sbucciare le patate e le cipolle e tagliarle a fettine sottili. Cuocere in padella finché sono teneri. Scolare e condire.

A parte soffriggere la pancetta tagliata a listarelle e aggiungerla nella padella con le patate.

Disporre le patate in una ciotola, ricoprirle con il composto di panna e cuocere in forno a 175°C fino a gratinarle.

TRUCCO

Questa ricetta può essere preparata anche senza lessare le patate. Non vi resta che cuocerli a 150°C per 1 ora.

UOVA SODE

INGREDIENTI

8 uova

Sale

Elaborazione

Partendo dall'acqua bollente, cuocere le uova per 11 minuti.

Rinfrescare con acqua e ghiaccio e sbucciare.

TRUCCO

Per facilitare la pelatura, aggiungere abbondante sale all'acqua di cottura e sbucciare subito dopo il raffreddamento.

PIEGARE LE PATATE

INGREDIENTI

1 kg di patate piccole

500 g di sale grosso

Elaborazione

Lessare le patate in acqua salata finché saranno tenere. Dovranno essere completamente ricoperti da un ulteriore dito d'acqua. Scolare le patate.

Nella stessa pentola (senza lavarle), aggiungete nuovamente le patate e fatele appassire a fuoco basso, mescolando delicatamente. Su ogni patata si forma un piccolo strato di sale e la sua buccia diventa rugosa.

TRUCCO

Si accompagnano perfettamente al pesce salato. Provatelo con un po' di pesto.

UOVA IN CAMICIA CON FUNGHI, GAMBERI E VOLACCIOLO

INGREDIENTI

8 uova

300 g di funghi freschi

100 g di gamberi

250 ml di brodo di carne

2 cucchiai di Pedro Ximenez

1 cucchiaino di farina

1 mazzo di asparagi selvatici

olio d'oliva

1 dl di aceto

sale e pepe

Elaborazione

Lessate le uova in abbondante acqua bollente salata e una bella spruzzata di aceto. Spegnere il fuoco, coprire la padella e attendere 3 o 4 minuti. Gli albumi dovrebbero essere cotti e i tuorli dovrebbero essere liquidi. Rimuovere, scolare e condire.

Pulite gli asparagi e tagliateli a metà nel senso della lunghezza. Friggere in padella a fuoco vivace, aggiustare di sale e mettere da parte. Friggere i gamberi sgusciati e conditi nello stesso olio a fuoco molto alto per 30 secondi. Alzare.

Fate soffriggere i funghi a fette nella stessa padella a fuoco vivace per 1 minuto, aggiungete la farina e fate rosolare per un altro minuto. Inumidire con Pedro Ximénez fino a ridurlo e asciugarlo. Versare il brodo salato e portare a bollore.

Disporre gli asparagi, i gamberi e i funghi e adagiarvi sopra le uova. Salsa con la salsa Pedro Ximénez.

TRUCCO

Portare a ebollizione il brodo con 1 rametto di rosmarino finché non avrà raggiunto la metà del suo volume.

Patate saltate in padella con chorizo e pepe verde

INGREDIENTI

6 uova

120 g di chorizo tritato

4 patate

2 peperoni verdi italiani

2 spicchi d'aglio

1 cipollotto

olio d'oliva

sale e pepe

Elaborazione

Sbucciare, lavare e tagliare le patate a cubetti di media grandezza. Lavatela bene finché l'acqua non sarà limpida. Julienne la cipolla e i peperoni.

Friggere le patate in abbondante olio caldo e aggiungere peperoni e cipollotti fino a quando le verdure saranno dorate e tenere.

Scolare le patate, i cipollotti e i peperoni. Lasciare solo un filo d'olio nella padella per rosolare il chorizo tritato. Lavorare nuovamente le patate con il cipollotto e il pepe. Aggiungere le uova sbattute e mescolare fino a quando saranno leggermente sode. Condire con sale e pepe.

TRUCCO

Puoi sostituire il chorizo con sanguinaccio, chistorra e persino botifarra.

POVERE PATATE

INGREDIENTI

1 kg di patate

3 spicchi d'aglio

1 peperone verde piccolo

1 peperoncino rosso piccolo

1 cipolla piccola

Prezzemolo fresco

olio d'oliva

4 cucchiai di aceto

Sale

Elaborazione

Schiacciate l'aglio con il prezzemolo, l'aceto e 4 cucchiai d'acqua.

Sbucciate le patate e tagliatele come fareste per una frittata. Friggerle in abbondante olio caldo e aggiungere la cipolla e il peperone tagliato a julienne fine. Continuare a friggere finché non saranno leggermente dorate.

Togliere patate, cipolla e peperoni e scolarli. Aggiungere l'aglio schiacciato e l'aceto. Togliere e condire con sale.

TRUCCO

È un contorno perfetto per tutti i tipi di carne, soprattutto quelle grasse come l'agnello e il maiale.

UOVA IN CAMICIA DEL GRANDUCA

INGREDIENTI

8 uova

125 g di parmigiano

30 g di burro

30 g di farina

½ litro di latte

4 fette di pane tostato

noce moscata

Aceto

sale e pepe

Elaborazione

Preparare una besciamella facendo soffriggere la farina nel burro a fuoco basso per 5 minuti, aggiungendo il latte, mescolando continuamente, e cuocendo per altri 5 minuti. Condire con sale, pepe e noce moscata.

Lessate le uova in abbondante acqua bollente salata e una bella spruzzata di aceto. Spegnere il fuoco, coprire la padella e attendere 3 o 4 minuti. Rimuovere e scolare.

Disporre l'uovo in camicia sul pane tostato e irrorare con la besciamella. Spolverate con parmigiano grattugiato e fate rosolare in forno.

TRUCCO

Quando l'acqua bolle, giratela con un bastoncino e aggiungete subito l'uovo. Questo crea una forma arrotondata e perfetta.

PATATE CON COSTINE

INGREDIENTI

3 patate grandi

Costolette di maiale marinate da 1 kg

4 cucchiai di salsa di pomodoro

2 spicchi d'aglio

1 foglia di alloro

1 peperone verde

1 peperone rosso

1 cipolla

olio d'oliva

Sale

Elaborazione

Dividete le costine e fatele rosolare in una pentola ben calda. Rimuovi e prenota.

Nello stesso olio fate soffriggere il peperone, l'aglio e la cipolla tagliati a pezzi medi. Quando le verdure saranno morbide, aggiungete la salsa di pomodoro e aggiungete nuovamente le costine. Mescolare e coprire con acqua. Aggiungere la foglia di alloro e cuocere a fuoco basso fino a quando sarà quasi tenera.

Aggiungere poi le patate fritte. Aggiustare di sale e continuare la cottura fino a quando le patate saranno tenere.

TRUCCO

Cachelar le patate significa romperle con il coltello senza tagliarle completamente. Questo fa sì che le patate rilascino il loro amido e i brodi diventino più ricchi e densi.

UOVA FRITTE PANATE

INGREDIENTI

8 uova

70 g di burro

70 g di farina

Farina, uova e pangrattato (per la panatura)

½ litro di latte

noce moscata

olio d'oliva

sale e pepe

Elaborazione

Scaldare una padella con olio d'oliva, friggere le uova, lasciando i tuorli crudi o leggermente cotti. Sformare, aggiustare di sale ed eliminare l'olio in eccesso.

Preparate una besciamella facendo soffriggere la farina nel burro fuso per 5 minuti. Aggiungete il latte, mescolando continuamente, e fate cuocere a fuoco medio per 10 minuti. Assaggia e condisci con noce moscata.

Ricoprire accuratamente le uova su tutti i lati con la besciamella. Lasciare raffreddare in frigorifero.

Passate le uova nella farina, nell'uovo sbattuto e nel pangrattato e friggetele in abbondante olio caldo fino a doratura.

TRUCCO

Più le uova sono fresche, meno spruzzeranno durante la frittura. Per fare questo, tirateli fuori dal frigo 15 minuti prima di friggerli.

PATATE ALLA NOCCIOLA

INGREDIENTI

750 g di patate

25 g di burro

1 cucchiaino di prezzemolo fresco tritato

2 cucchiai di olio d'oliva

sale e pepe

Elaborazione

Sbucciare le patate e formare delle palline con un punch. Lessateli in una pentola con acqua fredda salata. Se stanno bollendo per la prima volta, aspettate 30 secondi e scolateli.

Sciogliere il burro con l'olio in una padella. Aggiungere le patate asciugate e scolate e cuocere a fuoco medio-basso fino a quando le patate saranno dorate e morbide all'interno. Condire con sale e pepe e aggiungere il prezzemolo.

TRUCCO

Si possono cuocere anche in forno a 175°C, mescolando di tanto in tanto, finché saranno teneri e dorati.

UOVA DI MOLLE

INGREDIENTI

8 uova

Sale

Aceto

Elaborazione

Cuocere le uova in acqua bollente con sale e aceto per 5 minuti. Sfornare e raffreddare immediatamente in acqua ghiacciata e sbucciare con cura.

TRUCCO

Per sbucciare facilmente le uova sode, aggiungere abbondante sale all'acqua.

PATATE ALLA RIOJANA

INGREDIENTI

2 patate grandi

1 cucchiaino di chorizo o pasta di pepe Ñora

2 spicchi d'aglio

1 chorizo asturiano

1 peperone verde

1 foglia di alloro

1 cipolla

pepe

4 cucchiai di olio d'oliva

Sale

Elaborazione

Soffriggere l'aglio tritato nell'olio per 2 minuti. Aggiungere la cipolla tagliata a julienne e il pepe e far rosolare a fuoco medio-basso per 25 minuti (dovrebbe avere lo stesso colore di quando era caramellato). Aggiungere il cucchiaino di peperoncino chorizo.

Aggiungere il chorizo tritato e friggere per altri 5 minuti. Aggiungere le patate cachelada e cuocere per altri 10 minuti, mescolando continuamente. Con il sale.

Aggiungere i peperoni e coprire con acqua. Cuocere insieme all'alloro a fuoco molto basso fino a quando le patate saranno cotte.

TRUCCO

Con gli avanzi puoi fare una crema. È un antipasto fantastico.

PATATE CON CALAMARI

INGREDIENTI

3 patate grandi

1 kg di calamari puliti

3 spicchi d'aglio

1 lattina di piselli

1 cipolla grande

Brodo di pesce

Prezzemolo fresco

olio d'oliva

Sale

Elaborazione

Tagliare la cipolla, l'aglio e il prezzemolo a pezzetti. Far sudare il tutto in una pentola a fuoco medio.

Una volta lessate le verdure, alzate la fiamma al massimo e fate friggere i calamari tagliati a pezzetti di media grandezza per 5 minuti. Coprire con brodo di pesce (o acqua fredda) e cuocere fino a quando i calamari saranno teneri. Salare e aggiungere le patate sbucciate e cachelada e i piselli.

Ridurre il fuoco e cuocere fino a cottura delle patate. Aggiustare di sale e servire caldo.

TRUCCO

È molto importante friggere i calamari a fuoco molto alto, altrimenti diventeranno duri e poco succosi.

FRITTATA DI GAMBERI ALL'AGLIO

INGREDIENTI

8 uova

350 g di gamberi sgusciati

4 spicchi d'aglio

1 pepe di cayenna

olio d'oliva

Sale

Elaborazione

Affettate l'aglio e fatelo rosolare leggermente con il pepe di cayenna. Aggiungete i gamberetti, salate e togliete dal fuoco. Scolare i gamberetti, l'aglio e il pepe di cayenna.

Scaldare bene la padella con l'olio all'aglio. Sbattere le uova e condire. Aggiungete i gamberetti e l'aglio e fateli cagliare leggermente arrotolandoli su se stessi.

TRUCCO

Per evitare che la tortilla si attacchi alla padella, scaldatela bene prima di aggiungere l'olio.

PATATE BRASATE CON COD

INGREDIENTI

1 kg di patate

500g di merluzzo dissalato

Fornitura da 1 litro

2 spicchi d'aglio

1 peperone verde

1 peperone rosso

1 cipolla

prezzemolo fresco tritato

olio d'oliva

Sale

Elaborazione

Tritare finemente la cipolla, l'aglio e il pepe. Fate rosolare le verdure a fuoco basso per 15 minuti.

Aggiungere le patate cacheladas (strappate, non tagliate) e friggere per altri 5 minuti.

Bagnare con il fumetto fino al limite del sale e cuocere fino a cottura quasi ultimata delle patate. Aggiungete poi il baccalà e il prezzemolo e fate cuocere per 5 minuti. Aggiustare di sale e servire caldo.

TRUCCO

Potete aggiungere 1 bicchiere di vino bianco e qualche peperoncino di cayenna prima del fumetto.

PURÈ DI PATATE

INGREDIENTI

400 g di patate

100 g di burro

200 ml di latte

1 foglia di alloro

noce moscata

sale e pepe

Elaborazione

Cuocere le patate lavate e affettate con la foglia di alloro a fuoco medio fino a renderle morbide. Scolate le patate e passatele nello schiacciapatate.

Portare a bollore il latte con il burro, la noce moscata, il sale e il pepe.

Versare il latte sulle patate e sbatterle con un bastone. Se necessario, correggi ciò che manca.

TRUCCO

Aggiungete 100 g di parmigiano grattugiato e sbattete con una frusta. Il risultato è delizioso.

TORTILLA DI FAGIOLI CON MORCILLA

INGREDIENTI

8 uova

400 g di fave

150 g di sanguinaccio

1 spicchio d'aglio

1 cipolla

olio d'oliva

Sale

Elaborazione

Cuocere i fagioli in acqua bollente con un po' di sale finché saranno teneri. Filtrare e rinfrescare con acqua fredda e ghiaccio.

Tritare finemente la cipolla e l'aglio. Friggerlo insieme al sanguinaccio a fuoco basso per 10 minuti, facendo attenzione a non romperlo. Aggiungere i fagioli e cuocere per altri 2 minuti.

Sbattere le uova e il sale. Aggiungere i fagioli e farli cagliare in una padella molto calda.

TRUCCO

Per preparare un piatto ancora più spettacolare, togliete la pelle a ciascuno dei fagioli subito dopo che si saranno raffreddati. Viene creata una trama più fine.

uova strapazzate

INGREDIENTI

8 uova

100 g di germogli d'aglio

8 fette di pane tostato

8 asparagi selvatici

2 spicchi d'aglio

olio d'oliva

sale e pepe

Elaborazione

Tritare finemente i germogli d'aglio e gli asparagi sbucciati. Tagliate l'aglio a fettine e fatelo soffriggere insieme ai germogli d'aglio e agli asparagi. Stagione.

Aggiungere le uova sbattute e mescolare continuamente finché non si solidificano leggermente. Servire le uova strapazzate su fette di pane tostato

TRUCCO

Le uova possono essere preparate anche in una ciotola a bagnomaria, a fuoco medio, mescolando continuamente. Avranno una consistenza cremosa.

PATATE BRASATE CON NUSCALES

INGREDIENTI

6 patate grandi

500 g di finferli

1 cucchiaino raso di paprika dolce

1 spicchio d'aglio

1 cipolla

½ peperone verde

½ peperone rosso

paprika piccante

Brodo di manzo (quanto basta per coprire)

Elaborazione

Friggere le verdure a pezzetti a fuoco basso per 30 minuti. Aggiungere le patate cachelada (strappate, non tagliate) e friggere per 5 minuti. Aggiungere i finferli tagliati in quarti, puliti e senza gambo.

Fate soffriggere per 3 minuti e aggiungete la paprika dolce e un pizzico di peperoncino. Versare il brodo e aggiustare di sale (deve risultare un po' insipido). Cuocere a fuoco basso e regolare di sale.

TRUCCO

Togliete qualche patata cotta con un po' di brodo, schiacciatela e aggiungetela nuovamente allo spezzatino per addensare la salsa.

FRITTATA DI PORCINI E GAMBERI

INGREDIENTI

8 uova

400 g di funghi porcini puliti

150 g di gamberetti

3 spicchi d'aglio

2 cucchiai di olio d'oliva

sale e pepe

Elaborazione

Tritare finemente l'aglio e farlo rosolare leggermente in una padella a fuoco medio.

Tagliate i funghi porcini a dadini, alzate la fiamma e aggiungeteli nel soffritto d'aglio. Cuocere per 3 minuti. Aggiungere i gamberi sgusciati e conditi e cuocere in camicia per 1 altro minuto.

Sbattere le uova e il sale. Aggiungere i funghi porcini e i gamberetti. Scaldate molto bene una padella con 2 cucchiai di olio e lasciate rapprendere la tortilla su entrambi i lati.

TRUCCO

Quando tutti gli ingredienti saranno amalgamati aggiungete un filo di olio al tartufo. un piacere

UOVA GRATINATE

INGREDIENTI

8 uova

125 g di parmigiano

8 fette di prosciutto serrano

8 fette di pane tostato

Besciamella (vedi sezione brodi e salse)

Aceto

sale e pepe

Elaborazione

Lessate le uova in abbondante acqua bollente salata e una bella spruzzata di aceto. Spegnere il fuoco, coprire la padella e attendere 3 o 4 minuti. Rimuovere e rinfrescare con acqua e ghiaccio. Scolatele con una schiumarola e fatele riposare su carta da cucina.

Dividere il prosciutto serrano in 4 pentole. Disporre sopra le uova, versarvi sopra la besciamella e spolverizzare con il parmigiano grattugiato. Grigliare finché il formaggio non sarà dorato.

TRUCCO

Può essere preparato con pancetta affumicata e persino con la sobrasada.

FRITTATA DI ZUCCHINE E POMODORI

INGREDIENTI

8 uova

2 pomodori

1 zucchina

1 cipolla

olio d'oliva

Sale

Elaborazione

Tagliare la cipolla a listarelle sottili e farla soffriggere a fuoco basso per 10 minuti.

Affettate le zucchine ed i pomodori e fateli soffriggere in una padella ben calda. Una volta dorate, tagliate le zucchine ed i pomodorini a listarelle sottili. Aggiungere la cipolla e condire con sale.

Sbattere le uova e aggiungerle alle verdure. Aggiustare di sale. Scaldate bene una padella e lasciate rapprendere la tortilla per metà su tutta la superficie della padella e poi arrotolatela su se stessa.

TRUCCO

Provate a farla con melanzane a dadini e besciamella come contorno.

PATATE REVOLCONAS CON TORREZNOS

INGREDIENTI

400 g di patate

1 cucchiaio di paprika

2 fette di pancetta marinata per torreznos

2 spicchi d'aglio

pepe di cayenna macinato

olio d'oliva

Sale

Elaborazione

Sbucciare le patate e cuocerle in una pentola fino a quando saranno molto morbide. Conservare l'acqua di cottura.

Nel frattempo, friggere la carne di pancetta tagliata a dadini a fuoco basso per 10 minuti o finché diventa croccante. Rimuovi i Torrezno.

Nello stesso grasso fate rosolare l'aglio tagliato a pezzetti. Friggere anche i peperoni e aggiungerli subito nella pentola delle patate. Aggiungere un po' di sale e un pizzico di pepe di cayenna macinato.

Schiacciarle con qualche bacchetta e, se necessario, bagnarle con un po' di brodo di cottura delle patate.

TRUCCO

Cuocere le patate sempre con acqua fredda in modo che non diventino dure o debbano restare in ammollo più a lungo.

FRITTATA CON FUNGHI E PARMIGIANO

INGREDIENTI

8 uova

300 g di funghi a fette

150 g di parmigiano grattugiato

4 spicchi d'aglio

1 pepe di cayenna

olio d'oliva

Sale

Elaborazione

Affettate l'aglio e fatelo rosolare leggermente con il pepe di cayenna. Aggiungete i funghi a fuoco vivace, aggiustate di sale e fateli rosolare per 2 minuti. Togliere dal fuoco. Scolare i funghi, l'aglio e il pepe di cayenna.

Scaldare bene la padella con l'olio all'aglio. Sbattere le uova e condirle, aggiungere i funghi, il parmigiano grattugiato e l'aglio. Lasciare che la tortilla si accartocci leggermente arrotolandola su se stessa.

TRUCCO

Si sposa bene con una buona salsa di pomodoro condita con cumino.

PATATE SOUFFLÉ

INGREDIENTI

1 kg di patate della stessa dimensione

2 litri di olio d'oliva

Sale

Elaborazione

Sbucciare le patate e darle una forma rettangolare. Utilizzando una mandolina, affettare le patate, mantenendo uno spessore di circa 4 mm. Metterli su carta assorbente (non metterli in acqua) e asciugarli accuratamente.

Scaldare l'olio in una pentola a circa 150 °C (lasciarlo bollire costantemente). Aggiungere le patate in lotti, mescolando delicatamente la padella con un movimento circolare. Far bollire per 12 minuti o fino a quando non salgono in superficie. Togliere e conservare su carta assorbente.

Alzate la fiamma al massimo finché non inizierà a fumare leggermente e aggiungete nuovamente le patate poco a poco, mescolando con una schiumarola. A questo punto si gonfieranno. Salare e servire.

TRUCCO

Si possono preparare il giorno prima; È solo necessario conservarli in frigorifero su salviette di carta. Prima di consumarli fate l'ultima frittura in olio ben caldo in modo che si gonfino e diventino croccanti. Sale alla fine. È molto importante che le patate siano asciutte, ad es. B. acido. Funziona perfettamente.

FRITTATA

INGREDIENTI

7 uova grandi

800 g di patate da friggere

olio d'oliva autoctono

Sale

Elaborazione

Sbucciare le patate. Squartatelo nel senso della lunghezza e tagliatelo a fettine sottili. Scaldare l'olio a temperatura media. Aggiungere le patate e friggerle fino a renderle morbide e leggermente dorate.

Sbattere le uova e il sale. Scolate bene le patate e unitele alle uova sbattute. Aggiustare di sale.

Scaldate molto bene una padella, aggiungete 3 cucchiai di olio per friggere le patate e aggiungete il composto di uova e patate. Mescolare a fuoco vivace per 15 s e girare con un piatto. Riscaldare nuovamente la padella e aggiungere 2 cucchiai di olio delle patate fritte. Aggiungere la tortilla e rosolarla a fuoco vivace per 15 secondi. Rimuovere e servire.

TRUCCO

Per evitare che la tortilla si attacchi, scaldare bene la padella prima di aggiungere l'olio. Se preferite la carne ben cagliata, una volta girata e leggermente rosolata, abbassate la fiamma e continuate la cottura finché non ci piace.

PATATE DUCHESSA

INGREDIENTI

500 g di patate

60 g di burro

3 uova

noce moscata

2 cucchiai di olio d'oliva

sale e pepe

Elaborazione

Sbucciare le patate, tagliarle in quarti e cuocerle in acqua salata per 30 minuti. Scolare e passare al passaverdure.

Aggiungere sale, pepe, noce moscata, burro e 2 tuorli d'uovo mentre è caldo. Mescolare bene.

Utilizzando 2 cucchiai unti d'olio, formare dei mucchietti di patate su una placca rivestita di carta forno. Spennellate con l'altro uovo sbattuto e infornate a 180°C fino a doratura.

TRUCCO

L'ideale è mettere la purea in una sac à poche con beccuccio arricciato.

RISO ALLA CUBA

INGREDIENTI

Riso pilaf (vedi sezione riso e pasta)

4 uova

4 banane

Salsa di pomodoro (vedi sezione brodi e salse)

Farina

olio d'oliva

Elaborazione

Preparare un riso pilaf e una salsa di pomodoro.

Friggete le uova in abbondante olio caldo, lasciando rapprendere leggermente il tuorlo.

Infarinare i platani e friggerli fino a quando saranno leggermente dorati.

Disporre il riso, condire con la salsa di pomodoro e servire con l'uovo fritto e la banana.

TRUCCO

I platani fritti possono essere intriganti, ma assaggiarli fa parte della ricetta originale.

RISO AL PANE CON COZZE, COZZE E GAMBERI

INGREDIENTI

800 g di riso

250 g di cozze

250 g di cozze pulite con guscio

100 g di gamberi sgusciati

2 litri di brodo di pesce

1 cucchiaio di pasta di peperoncino chorizo

2 spicchi d'aglio

1 cipolla

1 pomodoro grattugiato

olio d'oliva

Sale

Elaborazione

Sciacquare le cozze in una ciotola con acqua fredda e 4 cucchiai di sale.

Tagliare la cipolla e gli spicchi d'aglio a pezzetti e farli rosolare a fuoco basso per 15 minuti.

Aggiungere il pomodoro grattugiato e il chorizo e continuare a friggere finché il pomodoro non perde l'acqua.

Aggiungere il riso e soffriggere per 3 minuti. Bagnare con il fumetto fino al limite del sale e cuocere a fuoco medio per circa 18 minuti o fino a cottura del riso.

Aggiungere le cozze, le cozze e i gamberi negli ultimi 3 minuti.

TRUCCO

Purgare significa immergersi in acqua fredda salata; così le cozze o altri gusci espelleranno tutta la sabbia e la terra che avevano.

RISO ALLA CANTONESE CON POLLO

INGREDIENTI

200 g di riso lungo

50 g di piselli cotti

150 ml di salsa di pomodoro

½ dl di salsa di soia

2 petti di pollo

2 fette di ananas sciroppato

1 peperone verde grande

1 cipollotto grande

olio d'oliva

sale e pepe

Elaborazione

Cuocere il riso in abbondante acqua bollente salata per 14 minuti. Scolare e raffreddare.

Tritate i peperoni e i cipollotti a pezzetti e fate cuocere a fuoco basso per 10 minuti. Alzare la fiamma e aggiungere il pollo condito e affettato.

Rosolare leggermente e aggiungere riso, soia, piselli e ananas. Lasciarlo ridurre a fuoco basso fino a quando non sarà asciutto.

Aggiungete il pomodoro, alzate la fiamma e fate rosolare fino a cottura del riso.

TRUCCO

Il riso va fritto negli ultimi 2 minuti quando la soia si sarà completamente ridotta. Potete aggiungere dei gamberoni o dei gamberi cotti.

RISO CROSTO

INGREDIENTI

500 g di riso

1 ¼ l di brodo di pollo o di manzo

1 salsiccia

1 salsiccia

1 sanguinaccio

1 coniglio

1 pollo piccolo

1 pomodoro

10 uova

zafferano o colorante

olio d'oliva

sale e pepe

Elaborazione

Preriscaldare il forno a 220°C. Tagliare il chorizo, la salsiccia e il sanguinaccio a pezzetti e friggerli in una padella per paella a fuoco alto. Rimuovi e prenota.

Friggere nello stesso olio il coniglio e il pollo tritati. Salare e aggiungere il pomodoro grattugiato. Cuocere fino a quando non ci sarà più acqua.

Aggiungere la salsiccia e il riso e cuocere per 2 minuti.

Bagnare con il brodo salato, aggiungere lo zafferano o il colorante e cuocere a fuoco medio per 7 minuti. Aggiungere le uova e cuocere per 13 minuti.

TRUCCO

Per far crescere molto di più le uova in forno, sbattetele leggermente senza sale.

RISO ALLA CATALANA

INGREDIENTI

500 g di riso

500 g di pomodori

150 g di salsicce fresche

150 g di carne macinata mista

100 g di cipolla tritata

1 litro di brodo di carne

1 cucchiaino e ½ di paprika

1 cucchiaino di prezzemolo fresco

1 cucchiaino di farina

½ cucchiaio di farina

3 spicchi d'aglio

2 foglie di alloro

1 uovo

10 fili di zafferano

Zucchero

1 cucchiaio di burro

olio d'oliva

sale e pepe

Elaborazione

Unisci la carne macinata, il prezzemolo, 1 spicchio d'aglio tritato finemente, l'uovo, sale e pepe. Impastate il tutto e formate delle palline. Friggere nell'olio, togliere e mettere da parte.

Nello stesso olio far rosolare il burro a fuoco basso. Aggiungere la farina e ½ cucchiaino di paprika e friggere per 1 altro minuto. Aggiungere i pomodorini tagliati in quarti e 1 foglia di alloro. Coprite e fate cuocere per 30 minuti, mescolate, filtrate e aggiustate di sale e zucchero se necessario.

Cuocere le salsicce tagliate a pezzetti e le polpette nel sugo di pomodoro per 5 minuti.

A parte soffriggere gli altri 2 spicchi d'aglio e la cipolla tritata finemente, aggiungere il riso, 1 cucchiaino di paprika, l'altra foglia di alloro e mescolare per 2 minuti. Aggiungere lo zafferano e il brodo bollente fino al punto di sale e cuocere per 18 minuti o fino a cottura del riso.

TRUCCO

Puoi anche aggiungere la salsiccia a questo piatto di riso.

RISO BRODO CON FAGIOLI BIANCHI E MISSIONE

INGREDIENTI

300 g di riso

250 g di fagioli bianchi

450 g di bietole

½ litro di brodo di pollo

2 spicchi d'aglio

1 pomodoro grattugiato

1 cipolla

1 cucchiaino di paprica

10 fili di zafferano

olio d'oliva

Sale

Elaborazione

Lasciare i fagioli in ammollo la sera prima. Cuocere in acqua fredda senza sale fino a quando saranno morbide. Prenotazioni.

Pulite le foglie della bietola e tagliatele a pezzetti di media grandezza. Pulite, sbucciate e tagliate le foglie a pezzetti. Cuocere in acqua bollente salata per 5 minuti o finché saranno teneri. Aggiornamento.

Tagliare la cipolla e l'aglio a pezzetti. Friggerli in una pentola a fuoco basso. Aggiungere la paprika e lo zafferano. Cuocere per

30 secondi. Aggiungete il pomodoro, alzate la fiamma e fate cuocere fino a quando il pomodoro perderà tutta la sua acqua.

Aggiungere il riso e cuocere per altri 2 minuti. Aggiungere al brodo di pollo 250 ml di acqua di cottura dei fagioli e altri 250 ml di acqua di cottura delle bietole. Aggiustare di sale e unire al riso. Cuocere per 15 minuti, aggiungere le bietole e i fagioli e cuocere per altri 3 minuti.

TRUCCO

A fine cottura mescolare delicatamente il riso per rilasciare l'amido e addensare il brodo.

RISO CON TONNO FRESCO

INGREDIENTI

200 g di riso

250 g di tonno fresco

1 cucchiaino di paprika dolce

½ l di brodo di pesce

4 pomodori grattugiati

3 peperoni piquillo

1 peperone verde

2 spicchi d'aglio

1 cipolla

10 fili di zafferano

Sale

Elaborazione

Fate soffriggere i dadini di tonno in una padella per paella a fuoco vivace. Rimuovi e prenota.

Tagliare la cipolla, il peperone verde e l'aglio a pezzetti. Friggere a fuoco basso nello stesso olio del tonno per 15 minuti.

Aggiungere lo zafferano, la paprika, i peperoni piquillo tagliati a pezzi medi e i pomodori grattugiati. Cuocere fino a quando il pomodoro perderà tutta la sua acqua.

Aggiungere poi il riso e cuocere per altri 3 minuti. Bagnare con il brodo salato e cuocere per 18 minuti. Circa 1 minuto prima che il riso sia pronto, aggiungete nuovamente il tonno. Lasciare riposare per 4 minuti.

TRUCCO

Devi stare attento con il tonno. Se fatto in eccesso diventa molto secco e quasi privo di sapore.

RISO CON POLLO, PANCETTA, MANDORLE E UVETTA

INGREDIENTI

300 g di riso

175 g di pancetta

150 g di mandorle granulari tostate

75 g di uvetta

700 ml di brodo di pollo

1 petto di pollo

10 fili di zafferano

1 peperone verde

1 peperone rosso

1 spicchio d'aglio

1 pomodoro grattugiato

1 cipollotto

olio d'oliva

sale e pepe

Elaborazione

Tagliare il petto a pezzi di media grandezza, condire con sale e pepe e rosolarlo a fuoco vivace. Rimuovi e prenota. Nello stesso olio friggere i cubetti di pancetta. Rimuovi e prenota.

Tagliare tutte le verdure a pezzetti tranne il pomodoro. Fateli rosolare a fuoco basso per 15 minuti, aggiungete lo zafferano e la paprika. Friggere per 30 secondi. Aggiungete il pomodoro grattugiato e fate cuocere a fuoco vivace finché tutta l'acqua non sarà evaporata.

Aggiungere il riso e friggere per 3 minuti, mescolando continuamente. Aggiungere il pollo, l'uvetta e la pancetta. Bagnare con il brodo salato e cuocere per 18 minuti. Lasciare riposare per 4 minuti e servire con la mandorla sopra.

TRUCCO

Per rendere l'uvetta più tenera è consigliabile idratarla in acqua o in un po' di rum.

RISO CON MERLUZZO E FAGIOLI BIANCHI

INGREDIENTI

200 g di riso

250g di merluzzo dissalato

125 g di fagioli bianchi, cotti

½ l di brodo di pesce

1 cipollotto

1 spicchio d'aglio

1 pomodoro grattugiato

1 peperone verde

10 fili di zafferano

olio d'oliva

Sale

Elaborazione

Tagliare la cipolla, l'aglio e il peperone a pezzetti e farli soffriggere a fuoco basso per 15 minuti. Aggiungete lo zafferano e il pomodoro grattugiato e fate cuocere fino a quando nei pomodori sarà rimasta quasi tutta l'acqua.

Aggiungere il riso e cuocere per 3 minuti. Versare il brodo fino al limite del sale e cuocere per circa 16 minuti. Aggiungere il baccalà e i fagioli. Cuocere per altri 2 minuti e lasciare riposare per 4 minuti.

TRUCCO

Si può mettere in forno la prima volta che si cuoce in modo che il riso sia completamente asciutto. Sono sufficienti 18 minuti a 200 °C.

RISO CON ARAGOSTA

INGREDIENTI

250 g di riso

150 g di cozze

¾ l brodo di pesce (vedi sezione brodi e salse)

1 aragosta grande

1 cucchiaio di prezzemolo tritato

2 pomodori grattugiati

1 cipolla

1 spicchio d'aglio

10 fili di zafferano

olio d'oliva

Sale

Elaborazione

Dimezzare l'aragosta. Sciacquare le cozze in acqua fredda con abbondante sale per 2 ore.

Friggere l'aragosta in poco olio su entrambi i lati. Nello stesso olio tenere la cipolla e l'aglio tagliati a pezzetti e aggiungerli. Cuocere a vapore per 10 minuti a fuoco basso.

Aggiungete lo zafferano, fate cuocere per 30 secondi, alzate la fiamma e aggiungete i pomodorini. Cuocere fino a quando il pomodoro perderà tutta la sua acqua.

Aggiungere il riso e cuocere per 2 minuti. Bagnare con il brodo bollente fino al limite del sale e cuocere per altri 14 minuti. Aggiungere le vongole e l'aragosta, con la carne rivolta verso il basso. Coprire e lasciare riposare per 4 minuti.

TRUCCO

Per rendere questo riso dolce è necessario aggiungere una quantità di brodo tre volte superiore a quella del riso. E se vuoi che sia brodoso, devi aggiungere quattro volte più brodo del riso.

RISO GRECO

INGREDIENTI

600 g di riso

250 g di salsicce fresche

100 g di pancetta a pezzetti

100 g di peperone rosso

100 g di cipolla

50 g di piselli

1 litro di brodo di carne

1 foglia di alloro

1 rametto di timo

sale e pepe

Elaborazione

Tagliare la cipolla e il peperone a pezzetti e farli rosolare a fuoco medio.

Tagliare a pezzi le salsicce e aggiungerle alle cipolle e ai peperoni fritti. Aggiungere la pancetta e cuocere per 10 minuti.

Aggiungete il riso e aggiungete il brodo fino al limite del sale, i piselli e le erbe aromatiche. Aggiustare di sale e pepe e cuocere a fuoco basso per altri 15 minuti.

TRUCCO

Si possono usare i peperoni Piquillo; Aggiungono un tocco di dolcezza perfetto.

RISO IMPANATO

INGREDIENTI

600 g di riso

500 g di pomodori

250 g di funghi puliti

150 g di burro

90 g di cipolla

75 g di parmigiano grattugiato

1 l e ¼ di brodo di carne

12 fili di zafferano

Sale

Elaborazione

Fate rosolare i cubetti di cipolla nel burro a fuoco basso per 10 minuti. Aggiungete i pomodorini a pezzetti e fateli soffriggere per altri 10 minuti o fino a quando i pomodori perderanno tutta l'acqua.

Aggiungere il riso e soffriggere per 2 minuti. Aggiungere poi i funghi spaccati e lo zafferano.

Aggiungere il brodo bollente fino al limite della salamoia e cuocere per circa 18 minuti o fino a quando il riso sarà tenero. Aggiungere il formaggio e mescolare.

TRUCCO

Se lo zafferano viene leggermente tostato in un foglio di alluminio e polverizzato con il sale in un mortaio, lo zafferano sarà distribuito uniformemente.

RISO BRODO AI FRUTTI DI MARE

INGREDIENTI

500 g bomba o riso tondo

1 ½ l di brodo di pesce

1 cipolla

1 peperone rosso

1 peperone verde

1 pomodoro grattugiato grosso

2 spicchi d'aglio

8 fili di zafferano

8 calamari piccoli

Frutti di mare vari (scampi, gamberi, ecc.)

olio d'oliva

Sale

Elaborazione

Preparare un brodo di pesce con lische, teste di pesce e crostacei. Per fare questo, fate cuocere il tutto per 25 minuti a fuoco basso con acqua sufficiente a coprirlo durante la cottura. Filtrare e condire con sale.

Nel frattempo tagliate a dadini la cipolla, il peperone e l'aglio e fateli soffriggere in un filo d'olio. Aggiungere i calamaretti tritati e cuocere a fuoco vivace per 2 minuti. Aggiungete il pomodoro grattugiato e fate cuocere finché non perderà l'acqua.

Aggiungere il riso e friggere. Aggiungere lo zafferano e affumicare fino al limite del sale e cuocere a fuoco medio per 18 minuti.

Negli ultimi 2 minuti aggiungete i crostacei, ben puliti e, se volete, scolati dalla griglia. Lasciare riposare per 5 minuti.

TRUCCO

Se si aggiunge qualche ñora al fumetto, il brodo avrà più sapore e un bel colore.

RISO TRE PRElibatezze

INGREDIENTI

400 g di riso

150 g di prosciutto cotto

150 g di piselli

3 carote

3 uova

olio d'oliva

Sale

Elaborazione

Far sudare il riso in un filo d'olio e poi cuocerlo in acqua bollente salata.

Nel frattempo sbucciate le carote, tagliatele a pezzetti e fatele soffriggere a fuoco vivace. Cuocere i piselli in acqua bollente salata per 12 minuti. Filtrare e raffreddare.

Prepara una frittata francese con le 3 uova. Tagliate il prosciutto cotto a cubetti e mescolatelo al riso. Fate rosolare a fuoco basso per 5 minuti. Aggiungete la carota, i piselli e la tortilla tagliata a listarelle sottili.

TRUCCO

Usa il riso lungo migliore per questa ricetta. È necessario cuocerlo con la giusta quantità di acqua.

RISO LISCIO CON PARTICOLARE

INGREDIENTI

500 g di riso bomba

2 pernici

1 cipolla

1 peperone rosso

1 peperone verde

1 carota

2 spicchi d'aglio

2 cucchiai di pomodori fritti

1 foglia di alloro

timo

Brandy

olio d'oliva

sale e pepe

Elaborazione

Tritare e condire le pernici. Friggerli in una pentola a fuoco alto. Rimuovi e prenota. Nello stesso olio fate soffriggere il peperone, la cipolla, l'aglio e la carota, il tutto tritato finemente.

Aggiungere i pomodori fritti e il brandy e lasciar ridurre. Aggiungere poi il timo, l'alloro e le pernici. Coprite con acqua e un pizzico di sale e fate cuocere a fuoco basso finché le pernici saranno tenere.

Quando le pernici saranno tenere, toglietele dal brodo, lasciando nella stessa pentola solo 1,5 litri di brodo di cottura.

Portare il brodo al punto di sale e aggiungere nuovamente il riso e le pernici. Cuocere per circa 18 minuti, mescolando leggermente alla fine il riso in modo che diventi friabile.

TRUCCO

Questa ricetta può essere preparata durante la notte. Tutto quello che devi fare è aggiungere il riso.

RISOTTO CON SALMONE E ASPARAGI SELVATICI

INGREDIENTI

240 g di riso d'albero

150 g di parmigiano

Brodo di carne 600 cl

1 bicchiere di vino bianco

2 cucchiai di burro

4 asparagi selvatici

1 cipolla

4 fette di salmone affumicato

Elaborazione

Soffriggere la cipolla tritata in 1 cucchiaio di burro a fuoco basso per 10 minuti. Aggiungere il riso e cuocere per 1 altro minuto. Aggiungere il vino e lasciarlo evaporare completamente.

Nel frattempo tagliate gli asparagi a fettine e friggeteli. Prenotazioni

Portare a ebollizione il brodo fino a raggiungere il punto di sale e aggiungerlo al riso (dovrebbe essere un dito sopra il riso). Cuocere a fuoco basso senza smettere di mescolare, aggiungendo altro brodo man mano che il liquido evapora.

Quando il riso sarà quasi pronto (lasciatelo sempre un po' brodoso), aggiungete gli asparagi fritti e il salmone affumicato a listarelle.

Completare con il parmigiano e l'altro cucchiaio di burro e mantecare. Lasciare riposare 5 minuti prima di servire.

TRUCCO

Il vino può anche essere rosso, rosato o cava. Il riso può essere preparato in anticipo. Tutto quello che devi fare è cuocere il riso per 10 minuti, congelarlo finché non si raffredda e conservarlo in frigorifero. Quando vorrete prepararlo non vi resta che versare il brodo caldo e attendere che il riso sia pronto.

Risotto con rana pescatrice, ceci e spinaci

INGREDIENTI

300 g di riso

250 g di ceci cotti

250 g di spinaci freschi

450 g di rana pescatrice a pezzi

750 ml di brodo di pesce

10 fili di zafferano

2 spicchi d'aglio

1 cipollotto

1 pomodoro grattugiato

1 cucchiaino di paprica

olio d'oliva

sale e pepe

Elaborazione

Condire la rana pescatrice e friggerla in una padella per paella calda. Prenotazioni.

Tritare finemente la cipolla e l'aglio. Friggere a fuoco basso per 10 minuti nella stessa padella in cui è stata cotta la rana pescatrice. Aggiungere gli spinaci spezzati e cuocere altri 3 minuti.

Aggiungere i peperoni e lo zafferano e cuocere per 30 secondi. Aggiungete il pomodoro grattugiato e fate cuocere finché non perderà tutta la sua acqua.

Aggiungere il riso e soffriggere per 2 minuti. Bagnare con il brodo salato e cuocere per 15 minuti. Aggiungere la rana pescatrice e i ceci e cuocere per altri 3 minuti.

TRUCCO

Il resto nel riso è essenziale. È necessario attendere almeno 4 minuti prima di servire.

RISO O CALDEIRO

INGREDIENTI

200 g di riso

150 g di carne di maiale magra

150 g di costine di maiale

¼ di coniglio

¼ l di brodo di manzo o di pollo

10 fili di zafferano

2 pomodori grattugiati

2 spicchi d'aglio

1 peperoncino rosso piccolo

1 cipolla

olio d'oliva

sale e pepe

Elaborazione

Condire il maiale, il coniglio e le costolette tritate e friggerle a fuoco vivace. Rimuovi e prenota.

Nello stesso olio far rosolare dolcemente per 15 minuti la cipolla, il peperone e l'aglio tagliato a cubetti. Aggiungere lo zafferano e i pomodorini grattugiati. Cuocere finché il pomodoro non avrà perso tutta la sua acqua.

Aggiungere il riso e cuocere per 2 minuti. Bagnare con il brodo salato e cuocere per altri 18 minuti.

TRUCCO

Il riso dovrebbe essere appiccicoso. In caso contrario aggiungete ancora un po' di brodo a fine cottura e mescolate delicatamente.

RISO NERO CON CALAMARI

INGREDIENTI

400 g di riso

1 litro di brodo di pesce

16 gamberetti sgusciati

8 calamari piccoli

1 spicchio d'aglio

2 cucchiai di salsa di pomodoro

8 buste di nero di seppia

½ cipolla

½ peperone verde

½ peperone rosso

½ bicchiere di vino bianco

olio d'oliva

Sale

Elaborazione

Tritare finemente la cipolla, l'aglio e il pepe e friggere il tutto in una padella per paella a fuoco basso finché le verdure non saranno morbide.

Tagliate i calamaretti puliti a pezzi medi e fateli rosolare a fuoco vivace per 3 minuti. Aggiungere la salsa di pomodoro e cuocere altri 5 minuti.

Aggiungete il vino e fatelo ridurre completamente. Aggiungere le bustine di riso e inchiostro e friggere per altri 3 minuti.

Aggiungere il brodo bollente fino al punto di sale e cuocere in forno a 200°C per 18 minuti o finché non sarà asciutto. Aggiungete i gamberetti negli ultimi 5 minuti e fateli riposare altri 5 minuti prima di servire.

TRUCCO

A fine cottura del riso sarà più facile che vengano fuori al punto giusto. Inoltre un buon alioli.

RISO PILAF

INGREDIENTI

300 g di riso a chicco corto

120 g di burro

60 g di cipolla

600 ml di brodo di pollo (o acqua bollente)

2 spicchi d'aglio

1 rametto di timo, prezzemolo e alloro

Elaborazione

Tagliare la cipolla e l'aglio a brunoise e farli soffriggere nel burro senza farli prendere colore.

Quando inizierà a diventare trasparente aggiungere il bouquet garni e il riso. Friggere fino a quando il riso sarà ben imbevuto di burro. Versare il brodo o l'acqua bollente salata e mescolare.

Cuocere a fuoco vivace per circa 6 o 7 minuti, poi abbassare al minimo, coprire e cuocere per altri 12 minuti.

TRUCCO

Può essere rifinito in forno per 12 minuti a 200 °C fino a completa essiccazione. Questo riso può essere utilizzato come piatto principale o come contorno con carne e pesce.

FIDEUÁ DI PESCE E FRUTTI DI MARE

INGREDIENTI

400 g di tagliatelle sottili

350 g di pomodori

250 g di rana pescatrice

brodo 800 ml

4 scampi

1 cipolla piccola

1 peperone verde

2 spicchi d'aglio

1 cucchiaio di paprika

10 fili di zafferano

olio d'oliva

sale e pepe

Elaborazione

Friggere in una padella o pentola, immergendo la pasta nell'olio. Rimuovi e prenota.

Friggere nello stesso olio lo scampo e la rana pescatrice condita. Rimuovi e prenota.

Nello stesso olio tagliare a pezzetti la cipolla, il peperone e l'aglio. Aggiungete i peperoni, lo zafferano e i pomodorini grattugiati e fate cuocere per 5 minuti.

Aggiungere le tagliatelle e mescolare. Bagnare con il fumetto fino al punto di sale e cuocere a fuoco medio per 12 minuti o finché il brodo non sarà evaporato. Quando mancano 3 minuti alla fine della cottura, aggiungere gli scampi e la rana pescatrice.

TRUCCO

Inoltre una salsa aioli nera. Tutto quello che devi fare è preparare una normale aioli e mescolarla con un sacchetto di nero di seppia.

PASTA ALLA PUTANESCA

INGREDIENTI

1 vasetto di acciughe da 60 g

2 spicchi d'aglio

2 cucchiai di capperi

2 o 3 pomodori grandi grattugiati

20 olive nere denocciolate

1 pepe di cayenna

Zucchero

origano

Parmigiano

Elaborazione

Friggere le acciughe tritate nell'olio della lattina a fuoco basso finché non saranno quasi finite. Aggiungete l'aglio tritato a pezzetti molto piccoli e fate cuocere a fuoco basso per 4 minuti.

Aggiungete i capperi tritati, il pomodoro grattugiato e le olive snocciolate e tagliate in quarti. Cuocere con il pepe di cayenna a fuoco medio per circa 10 minuti (togliere appena la salsa sarà cotta) ed eventualmente aggiustare di zucchero. Aggiungere origano e parmigiano a piacere.

Cuocete qualsiasi tipo di pasta e aggiungete sopra la putanesca.

TRUCCO

Potete aggiungere alla preparazione un po' di carota grattugiata e vino rosso.

CANNELLONI SPINACI E RICOTTA

INGREDIENTI

500 g di spinaci

200 g di ricotta

75 g di parmigiano grattugiato

50 g di pinoli tostati

16 piatti di pasta

1 uovo sbattuto

Salsa di pomodoro (vedi sezione brodi e salse)

Besciamella (vedi sezione brodi e salse)

Sale

Elaborazione

Cuocete le sfoglie di pasta in abbondante acqua bollente. Sfornare, far raffreddare e asciugare su un panno pulito.

Cuocere gli spinaci in acqua bollente salata per 5 minuti. Scolare e raffreddare.

Mescolare in una ciotola il formaggio, i pinoli, gli spinaci, l'uovo e il sale. Riempite i cannelloni con il composto e date loro una forma cilindrica.

Disporre su una teglia da forno un fondo di salsa di pomodoro, adagiarvi sopra i cannelloni e completare con una besciamella. Cuocere a 185°C per 40 minuti.

TRUCCO

Puoi utilizzare qualsiasi tipo di formaggio per il ripieno e accompagnarlo con uno della varietà Burgos per conferirgli più consistenza e morbidezza.

SPAGHETTI MARINERA

INGREDIENTI

Spaghetti da 400 g

500 g di cozze

1 cipolla

2 spicchi d'aglio

4 cucchiai di acqua

1 pomodoro piccolo

1 bicchiere piccolo di vino bianco

½ peperoncino

olio d'oliva

Sale

Elaborazione

Immergere le cozze in acqua fredda con abbondante sale per 2 ore per eliminare eventuali residui di terriccio.

Una volta puliti, lessateli a pentola coperta con 4 cucchiai di acqua e il bicchiere di vino. Appena si apriranno, toglieteli e conservate l'acqua di cottura.

Soffriggere la cipolla e l'aglio tagliati a pezzetti per 5 minuti. Aggiungere il pomodoro a cubetti e cuocere per altri 5 minuti, aggiungere il peperoncino e cuocere finché non sarà ben cotto.

Alzare la fiamma e aggiungere l'acqua di cottura delle cozze. Cuocere per 2 minuti finché il vino non avrà perso la sua alcolicità e aggiungere le vongole. Cuocere per altri 20 secondi.

Cuocere a parte gli spaghetti, scolarli e friggerli senza raffreddarli con il sugo e le vongole.

TRUCCO

Potete aggiungere a questo piatto anche qualche cubetto di rana pescatrice, gamberetti o cozze. Il risultato è altrettanto buono.

LASAGNE DI PASTA FRESCA FIORENTINA

INGREDIENTI

Per le sfoglie di pasta

100 g di farina

2 uova

Sale

Per la salsa di pomodoro

500 g di pomodori maturi

250 g di cipolla

1 spicchio d'aglio

1 piccola carota

1 bicchiere piccolo di vino bianco

1 rametto di timo, rosmarino e alloro

1 punta di prosciutto

Per la salsa del mattino

80 g di farina

60 g di parmigiano grattugiato

80 g di burro

1 litro di latte

2 tuorli d'uovo

noce moscata

sale e pepe

Altri ingredienti

150 g di spinaci puliti

Parmigiano grattugiato

Elaborazione

Per le sfoglie di pasta

Disporre la farina sul tavolo a forma di vulcano e aggiungere nel foro centrale un pizzico di sale e le uova. Mescolare con le dita.

Impastare con il palmo della mano, formare una palla e lasciare riposare in frigorifero per 30 minuti, coprendo con un canovaccio umido. Stendere molto sottile con il mattarello, porzionare, cuocere e far raffreddare.

Per la salsa di pomodoro

Tagliare a julienne la cipolla, l'aglio e la carota e friggerli insieme alla punta del prosciutto. Aggiungete il vino e fatelo ridurre. Aggiungere i pomodorini tagliati in quarti e le erbe aromatiche e coprire. Cuocere per 30 minuti. Regolare sale e zucchero. Rimuovere le erbe, il prosciutto e la purea.

Per la salsa del mattino

Preparare una besciamella (vedi sezione Brodi e Salse) utilizzando i pesi sopra indicati. Aggiungete i tuorli e il formaggio fuori dal fuoco.

Fine

Tagliare finemente gli spinaci a julienne e cuocerli in acqua bollente per 5 minuti. Raffreddare e scolare bene. Mescolare con la salsa Mornay.

Servite la salsa di pomodoro sul fondo di un piatto, poi adagiatevi sopra la pasta fresca e terminate con gli spinaci. Ripeti il processo tre volte. Completare con salsa Mornay e parmigiano grattugiato. Infornare a 180°C per 20 minuti.

TRUCCO

Per risparmiare tempo, puoi acquistare le sfoglie per lasagne.

SPAGHETTI ALLA CARBONARA

INGREDIENTI

Pasta da 400 g

100 g di pancetta

80 g di parmigiano

2 uova

olio d'oliva

Sale e pepe nero

Elaborazione

Tagliate la pancetta a striscioline e rosolatela in una padella calda con un filo d'olio. Prenotazioni.

Cuocete gli spaghetti in acqua bollente salata. Nel frattempo sbattere i tuorli delle 2 uova e aggiungere il formaggio grattugiato e un pizzico di sale e pepe.

Scolate la pasta senza farla raffreddare e mescolatela con le uova sbattute senza farla raffreddare. Cuocere utilizzando il calore delle tagliatelle. Aggiungete la pancetta e servite con formaggio grattugiato e pepe.

TRUCCO

Gli albumi possono essere utilizzati per fare un'ottima meringa.

CANNELLONI DI CARNE CON SEMI DI FUNGHI

INGREDIENTI

300 g di funghi

200 g di manzo

12 piatti di cannelloni o pasta fresca (100 g di farina, 1 uovo e sale)

80 g di parmigiano

½ litro di latte

1 cipolla

1 peperone verde

2 spicchi d'aglio

1 vasetto di salsa di pomodoro

2 carote

40 g di farina

40 g di burro

vino bianco

origano

noce moscata

sale e pepe

Elaborazione

Tagliate le verdure a pezzetti e friggetele. Aggiungete la carne e continuate a rosolare finché la carne di vitello non perderà il suo colore rosa. Stagione. Aggiungere il vino bianco e lasciar ridurre. Aggiungere la salsa di pomodoro e cuocere per 30 minuti. Aggiungete un po' di origano e lasciate raffreddare.

Preparare una besciamella utilizzando burro, farina, latte e noce moscata (vedi sezione Brodi e Salse). Tralasciare poi i funghi e frullarli insieme alla besciamella.

Cuocere i piatti di cannelloni. Riempite le tagliatelle con la carne e avvolgetela. Versare sopra la besciamella ai funghi e spolverare con parmigiano grattugiato. Infornare a 190°C per 5 minuti e gratinare.

TRUCCO

Per evitare che si sfaldino, dividete i cannelloni quando sono freddi. Quindi le porzioni devono solo essere riscaldate nel forno.

LASAGNA DI cernia e calamari

INGREDIENTI

Per la besciamella

50 g di burro

50 g di farina

1 litro di latte

noce moscata

Sale

Salsa piccante

2 peperoni rossi grandi

1 cipolla piccola

olio d'oliva

Zucchero

Sale

Per il ripieno

Cernia da 400 g

250 g di calamari

1 cipolla grande

1 peperone rosso grande

Sfoglia per lasagne precotte

Elaborazione

Per la besciamella

Preparare una besciamella facendo soffriggere la farina con il burro e aggiungendo il latte. Cuocere per 20 minuti senza smettere di mescolare e condire con sale e noce moscata.

Salsa piccante

Arrostire i peperoni e una volta arrostiti lasciarli riposare, coperti, per 15 minuti.

Nel frattempo fate soffriggere in abbondante olio la cipolla tagliata a listarelle. Sbucciare i peperoni, aggiungerli alla cipolla e farli soffriggere per 5 minuti. Togliere un po' d'olio e tritare.

Se necessario aggiustate di sale e zucchero.

Per il ripieno

Soffriggere la cipolla e i peperoni tagliati a julienne e aggiungere la cernia. Cuocere a fuoco vivace per 3 minuti e aggiungere i calamari. Cuocere fino a quando saranno teneri.

Versare la besciamella su una teglia e adagiare sopra uno strato di lasagne. Riempire con il pesce. Ripeti il processo tre volte.

Condire con besciamella e infornare per 30 minuti a 170 °C.

Servire con la salsa di peperoni sopra.

TRUCCO

Se aggiungete alla besciamella un po' di carota lessata e schiacciata, risulterà più piccante.

PAELLA MISTA

INGREDIENTI

300 g di riso

200 g di cozze

125 g di calamari

125 g di gamberi

700 ml di brodo di pesce

½ pollo tritato

¼ di coniglio, tritato

1 rametto di rosmarino

12 fili di zafferano

1 pomodoro

1 cipollotto

½ peperone rosso

½ peperone verde

1 spicchio d'aglio

olio d'oliva

sale e pepe

Elaborazione

Tritare, condire e rosolare il pollo e il coniglio a fuoco vivace. Rimuovi e prenota.

Fate soffriggere nello stesso olio la cipolla, il peperone e l'aglio tritati finemente per 10 minuti. Aggiungere lo zafferano e friggere per 30 secondi. Aggiungete il pomodoro grattugiato e fate cuocere fino a perdere tutta l'acqua. Alzare la fiamma e aggiungere i calamari tritati. Cuocere per 2 minuti. Aggiungete il riso, fatelo rosolare per 3 minuti e sfumate con il brodo salato.

Aprire le cozze in una pentola coperta con un po' d'acqua. Appena aprono, tirateli fuori e prenotateli.

Preriscaldare il forno a 200°C e cuocere per circa 18 minuti o fino a quando il riso sarà asciutto. Aggiungere i gamberi all'ultimo momento. Togliere e distribuire sulle cozze. Coprire con un panno e lasciare riposare per 4 minuti.

TRUCCO

Quando si aggiunge sale ai brodi di riso secchi, aggiungere sempre un po' più di sale del solito.

SASAGNA DI VERDURE CON FORMAGGIO FRESCO E CAMPOO

INGREDIENTI

3 carote grandi

2 cipolle grandi

1 peperone rosso grande

1 melanzana grande

1 zucchina grande

1 tazza di formaggio Philadelphia

Formaggio grattugiato

cumino in polvere

Tagliatelle di lasagne

Besciamella

Elaborazione

Tagliate le verdure a pezzetti e fatele soffriggere in questo ordine: carote, cipolle, peperoni, melanzane e zucchine. Consentire 3 minuti di differenza tra ciascuno di essi. Dopo la frittura, aggiungere formaggio e cumino a piacere. Prenotazioni.

Cuocere le lasagne secondo le indicazioni del produttore e preparare una besciamella (vedi sezione Brodi e Salse).

In una teglia da forno, adagiate uno strato di besciamella, un altro strato di lasagne e poi le verdure. Ripetete l'operazione tre volte, terminando con uno strato di besciamella e formaggio grattugiato sopra. Cuocere in forno a 190°C fino a quando il formaggio sarà dorato.

TRUCCO

C'è una vasta selezione di creme spalmabili al formaggio. Si può fare con della capra, con le erbe, con il salmone, ecc.

PASTA CON SALSA YOGURT E TONNO

INGREDIENTI

Tagliatelle da 400 g

50 g di parmigiano

2 cucchiai di crema di formaggio

1 cucchiaio di origano

2 scatolette di tonno sott'olio

3 yogurt

sale e pepe

Elaborazione

Schiacciare in un mixer il tonno non sgocciolato, il formaggio, lo yogurt, l'origano, il parmigiano, il sale e il pepe. Prenotazioni.

Cuocete la pasta in abbondante acqua salata e scolatela senza farla raffreddare. Mantecare la pasta ancora calda con il sugo e servire.

TRUCCO

Con questa salsa potrete preparare una buona insalata di pasta fredda senza maionese.

GNOCCHI DI PATATE CON FORMAGGIO Erborinato E SALSA AI PISTACCHI

INGREDIENTI

1 kg di patate

250 g di farina

150 g di panna

100 g di formaggio erborinato

30 g di pistacchi pelati

1 bicchiere di vino bianco

1 uovo

noce moscata

sale e pepe

Elaborazione

Lavare le patate e cuocerle con la buccia e il sale per 1 ora. Scolatele e lasciatele raffreddare in modo da poterle sbucciare. Passare al passaverdure, aggiungere l'uovo, il sale, il pepe, la noce moscata e la farina. Impastate fino a quando non si attaccherà più alle mani. Lasciare riposare per 10 minuti. Dividere poi l'impasto in piccole palline (gnocchi).

Cuocere il gorgonzola nel vino e continuare a mescolare finché il vino non sarà quasi completamente evaporato. Aggiungere la panna e cuocere per 5 minuti. Aggiustare di sale e pepe e aggiungere i pistacchi.

Cuocere gli gnocchi in abbondante acqua bollente, scolarli e condirli con la salsa.

TRUCCO

Gli gnocchi saranno cotti quando inizieranno a venire a galla.

PASTA ALLA CARBONARA AL SALMONE

INGREDIENTI

Spaghetti da 400 g

300 g di salmone

60 g di parmigiano

200 ml di panna liquida

1 cipolla piccola

2 uova

olio d'oliva

Sale e pepe nero macinato

Elaborazione

Cuocere gli spaghetti in abbondante acqua salata. Nel frattempo grattugiate il formaggio e tagliate il salmone a pezzetti.

Soffriggere la cipolla con un filo d'olio e aggiungere il salmone e la panna. Cuocere fino a cottura del salmone e condire con sale e pepe. Una volta spento, aggiungete le uova e il parmigiano grattugiato.

Servite gli spaghetti appena fatti con la carbonara.

TRUCCO

Se aggiungi un po' di pancetta a questa salsa, diventa un ripieno perfetto per alcune melanzane al forno.

PASTA CON PORCINI

INGREDIENTI

Tagliatelle da 400 g

300 g di funghi porcini puliti

200 g di panna liquida

1 spicchio d'aglio

1 bicchiere di liquore

Sale

Elaborazione

Cuocere la pasta in abbondante acqua salata. Filtrare e raffreddare.

Fate soffriggere lo spicchio d'aglio tritato finemente e aggiungete i funghi affettati. Cuocere a fuoco alto per 3 minuti. Aggiungete il brandy e lasciate cuocere a fuoco lento finché non sarà quasi asciutto.

Aggiungere la panna e cuocere per altri 5 minuti. Disporre la pasta e la salsa.

TRUCCO

Quando non è la stagione dei funghi porcini, i funghi secchi sono un'ottima opzione.

GRIGLIA PER PIZZA

INGREDIENTI

Per le masse

250 g di farina forte

125 g di acqua tiepida

15 g di lievito appena spremuto

olio d'oliva

Sale

Salsa barbecue

1 tazza di pomodoro fritto

1 tazza di ketchup

½ tazza di aceto

1 cucchiaino di origano

1 cucchiaino di timo

1 cucchiaino di cumino

1 spicchio d'aglio

1 lattina di cola

1 pepe di cayenna tritato

½ cipolla

olio d'oliva

sale e pepe

Altri ingredienti

Carne macinata (a piacere)

Petto di pollo tritato (a piacere)

Pancetta tritata (a piacere)

Formaggio grattugiato assortito

Elaborazione

Per le masse

Mettete in una ciotola la farina con un pizzico di sale e formate un vulcano. Aggiungete un filo d'olio, l'acqua e il lievito sbriciolato e impastate per 10 minuti. Coprite con un canovaccio o pellicola trasparente e lasciate riposare per 30 minuti.

Una volta che l'impasto avrà raddoppiato il suo volume originale, infarinate il tavolo da lavoro e stendetelo per dargli una forma rotonda.

Salsa barbecue

Tritare la cipolla e l'aglio a pezzetti e metterli a lessare. Aggiungere il pomodoro fritto, il ketchup, l'aceto e cuocere per 3 minuti. Aggiungere pepe di cayenna, origano, timo e cumino. Mescolare e versare nella lattina di Coca-Cola. Cuocere finché non si forma una consistenza densa.

Fine

Fate soffriggere in una padella la carne, il pollo e la pancetta.

Foderare una teglia con carta da forno e adagiarvi sopra la pasta stesa. Mettete uno strato di salsa barbecue, un altro di formaggio, un altro di carne, un altro di formaggio e terminate con una salsa

Preriscaldare il forno a 200°C e cuocere la pizza per circa 15 minuti.

TRUCCO

Non mettete troppo ripieno altrimenti l'impasto non cuocerà bene e risulterà crudo.

RISOTTO CON SALSICCIA BIANCA, VINO ROSSO E RUCOLA

INGREDIENTI

240 g di riso d'albero (70 g a persona)

150 g di parmigiano

100 g di rucola fresca

600 ml di brodo di manzo o pollo

2 salsicce bianche tedesche

2 cucchiai di burro

1 cipolla

1 spicchio d'aglio

1 bicchiere di vino rosso vino bianco

olio d'oliva

Sale

Elaborazione

Sbucciare la cipolla e lo spicchio d'aglio e tagliarli a pezzetti. Rosolare in 1 cucchiaio di burro per 10 minuti a fuoco basso. Aggiungere il riso e cuocere per 1 altro minuto. Aggiungete il vino e lasciate riposare finché non sarà completamente evaporato.

Aggiungere il brodo bollente e il sale (dovrebbe essere 1 dito sopra il riso). Mescolare continuamente e aggiungere altro brodo man mano che finisce.

Tagliate le salsicce a fettine piccole e fatele soffriggere in padella. Quando il riso sarà quasi cotto e un po' brodoso, aggiungere le salsicce fritte.

Completare con il parmigiano e l'altro cucchiaio di burro e mantecare. Lasciare riposare per 5 minuti. Aggiungere la rucola sopra al momento di servire.

TRUCCO

Il riso migliore per questa preparazione è l'Arborio o il Carnaroli.

PASTA CON GAMBERI, NASTRINI DI VERDURE E SOIA

INGREDIENTI

Tagliatelle da 400 g

150 g di gamberi sgusciati

5 cucchiai di salsa di soia

2 carote

1 zucchina

1 porro

olio d'oliva

Sale

Elaborazione

Cuocete la pasta in abbondante acqua bollente salata. Filtrare e raffreddare.

Nel frattempo pulite il porro e tagliatelo a bastoncini sottili e allungati. Affettate le zucchine e le carote con un pelapatate.

Fate soffriggere le verdure in una padella calda con un filo d'olio per 2 minuti. Aggiungete i gamberi e fate rosolare per altri 30 secondi. Aggiungere la soia e le tagliatelle e cuocere altri 2 minuti.

TRUCCO

Non è necessario aggiungere sale alla salsa in quanto la soia ne contiene già molto.

TAGLIATELLE ROSSEJAT CON CALAMARI E GAMBERI

INGREDIENTI

1 kg di calamari

400 g di tagliatelle sottili

1 litro di brodo di pesce

16 gamberetti sgusciati

3 spicchi d'aglio

1 cucchiaio di paprika

¼ litro di olio d'oliva

Elaborazione

Tagliare i calamari a pezzi e rosolarli in una padella insieme all'aglio. Prenotazioni.

Friggere bene le tagliatelle con abbondante olio. Quando saranno dorate, toglietele e filtratele.

Metti le tagliatelle nella padella della paella, aggiungi la paprika in polvere e friggi per 5 secondi. Bagnare con il fumetto, aggiungere l'aglio soffritto e i calamari.

Quando le tagliatelle saranno quasi pronte, aggiungere i gamberi. Lasciare riposare per 3 o 4 minuti e servire caldo.

TRUCCO

Il modo più tipico per accompagnare questo piatto è con la salsa alioli.